UN FÉDÉRÉ DU DIX AOUT

BARBAT DU CLOZEL D'ARNERY

PAR

Francisque MÈGE

PARIS
H. CHAMPION, LIBRAIRE
QUAI MALAQUAIS, 15
1887

UN FÉDÉRÉ DU DIX AOUT

BARBAT DU CLOZEL D'ARNERY

Parmi les journées les plus célèbres de la Révolution française, aucune n'a eu plus de retentissement et n'a produit de résultats plus importants et plus décisifs que la journée du 10 août 1792.

On en connaît les péripéties et les conséquences. L'invasion et le saccage des Tuileries, le massacre des gardes suisses, le départ de la famille royale obligée de se réfugier à l'Assemblée nationale, et, finalement, l'intronisation à l'Hôtel-de-Ville d'une commune insurrectionnelle terroriste et l'anéantissement de la royauté.

Quelles furent les causes de ces événements qui devaient influer si profondément sur la marche de la Révolution? Par quelles menées, par quelles intrigues préliminaires une telle perturbation put-elle être obtenue? De ces menées, de ces intrigues incessamment continuées ou renouvelées, surtout depuis le 20 juin, nous n'avons pas à présenter ici l'exposé complet. Nous n'avons pas à faire en ce moment le récit de toutes les trames ourdies pour arriver à déconsidérer la royauté, à la rendre impopulaire et pour habituer les esprits à l'idée de la suppression du roi ou tout au moins de sa déchéance. Nous n'avons pas non plus à raconter les mesures plus ou moins régulières prises par la Cour pour résister au mouvement. Nous ne rechercherons pas si Louis XVI pouvait ou devait agir autrement qu'il ne l'a fait et s'il est exempt de tout reproche. Nous ne retracerons pas les divers incidents du siège organisé, au mépris de la Constitution, contre l'autorité royale, non plus que les moyens dont il était fait usage, les pamphlets injurieux répandus dans le public, les affiches placardées, les pétitions, les adresses, les motions que les députés devaient subir presque à chaque séance. Nous ne dirons pas combien peu il était tenu compte de la situation spéciale du monarque ainsi que des concessions faites par lui, comment tout lui était imputé à crime, comment étaient exploités contre lui les moindres faits, ceux même sur lesquels le gouvernement ne pouvait avoir aucune influence.

Vers le milieu du mois de juillet, les choses en étaient arrivées à ce point qu'il était évident pour tous que la déchéance n'était plus qu'une question de jours. Plusieurs faits d'ordre différent vinrent à ce moment aggraver la position du roi et seconder les projets de ses ennemis : *La proclamation de la patrie en danger* (22 juillet), en rendant palpables les sacrifices nécessités par l'invasion étrangère ; *la déclaration du duc de Brunswick*, en exaspérant tous les citoyens par ses menaces extravagantes et par ses sous-entendus qui semblaient avouer la complicité de la cour ; enfin, *le décret sur la permanence des sections*, en unissant et en concentrant sous la main des Jacobins une force considérable, jusque-là disséminée et peu redoutable.

Tout le monde a lu la déclaration de Brunswick, ce manifeste insensé qu'un député de la Droite, Mathieu Dumas, a appelé avec raison : « L'acte le plus impoli» tique que l'orgueil et l'ignorance aient jamais dicté, vé» ritable fratricide des princes français émigrés envers » Louis XVI et sa famille. » La déclaration fut connue à Paris le 28 juillet 1792. C'est trois jours auparavant, le 25 juillet, que fut rendu le décret autorisant la permanence des sections (1).

Dans la pensée des Jacobins, cette permanence devait les rendre maîtres absolus de la plupart des sections. Le calcul était juste. C'était là un résultat fatal, inévitable. Une assemblée de citoyens, réunie sans discontinuité, arrive en effet, au bout de peu de temps, à ne plus compter qu'un petit nombre d'assistants, parce que ceux qui ont une famille, des affaires, un état, ne peuvent s'astreindre à un assujettissement sans trêve, et, soit par devoir ou nécessité, soit par lassitude, désertent les salles de réunions ou n'y paraissent que rarement. D'où la conséquence que le petit nombre, le groupe d'assistants fidèles, est presque toujours composé de désœuvrés, de gens sans attaches, sans profession régulière, et par cela même turbulents et peu soucieux de la tranquillité et de l'ordre publics. Ainsi réduites en nombre et dominées par les exaltés, les assemblées de sections se voyaient condamnées à être le théâtre de délibérations interminables pendant lesquelles on leur faisait adopter les motions les plus violentes, les plus inconstitutionnelles, qu'elles présentaient ensuite comme étant le vœu général de la section.

(1) La loi d'organisation municipale avait divisé Paris en 48 quartiers ou sections, dans chacun desquels, les citoyens *actifs* (c'est-à-dire payant une contribution équivalente à trois journées de travail) se réunissaient en assemblées primaires pour élire les électeurs du second degré. L'élection faite et leur mission ainsi terminée, les citoyens des sections ne pouvaient pas légalement rester assemblés ni s'assembler de nouveau sans convocation spéciale de la municipalité. Mais, par une dérogation singulière, il était dit que, lorsque huit des quarante-huit sections demandaient la convocation, la municipalité était obligée d'y procéder. Profitant de cette clause, les sections se réunissaient souvent et avaient perdu leur rôle exclusif d'assemblées électives pour devenir de vraies Chambres délibérantes. Toutefois, la demande d'autorisation préalable faisait obstacle à une entente commune de toutes les sections.

Le décret du 4 juillet 1792, relatif à la déclaration de la patrie en danger, spécifiait qu'aussitôt la déclaration publiée, les Conseils généraux des départements, des districts et des communes resteraient en surveillance *permanente*. Mais les assemblées primaires et sections n'étant pas des corps constitués, le droit de mise en permanence ne leur était pas applicable.

C'était bien ce que voulait le parti avancé. Déjà, le 17 juillet, il avait obtenu un arrêté municipal qui établissait à l'Hôtel-de-Ville un *Bureau central de correspondance* où les quarante-huit sections de Paris étaient représentées chacune par un commissaire. Complété par le décret autorisant la permanence, cet arrêté devenait comme l'acte d'investiture d'un nouveau corps municipal. C'était un pouvoir intrus, illégal ; mais comme il semblait émaner directement du peuple, avec lequel il était en contact de tous les instants, comme il avait les apparences d'un pouvoir plébiscitaire, il devait faire illusion aux gens simples et ignorants des intrigues politiques et les entraîner à sa suite.

La permanence était donc une arme terrible, une arme révolutionnaire (1), à l'aide de laquelle les Jacobins allaient peser sur l'opinion publique et neutraliser les pouvoirs légaux des administrateurs du département et de la commune de Paris, favorables pour la plupart au maintien de la Constitution et de la Royauté.

Dès le 28 mai, l'Assemblée nationale avait été sollicitée de décréter cette permanence. Diverses adresses lui avaient été présentées dans le même but durant les mois de juin et de juillet. Elle avait toujours résisté, comprenant sans doute toute la gravité d'une pareille mesure.

Le 25 juillet, un nouveau pétitionnaire, se disant porteur du vœu d'environ dix mille habitants du département du Puy-de-Dôme, parut à la barre et demanda formellement le rassemblement et la permanence des sections dans tous les départements.

Transformée en motion par le représentant Thuriot, qui, le 2 juillet précédent, avait déjà patronné mais inutile-

(1) C'était l'avis du Girondin Salles qui, à la séance du 6 janvier 1793, appuyant une motion de Richaud, député de Seine-et-Oise, disait : *La permanence des sections étant un instrument révolutionnaire, on ne peut le prolonger sans exposer la sûreté publique.* — Un peu plus tard, par une letre du 21 juin 1793, Marat demanda aussi la suppression de la permanence des sections, mais pour d'autres motifs.

ment une adresse analogue, la demande fut accueillie, cette fois, sans discussion, par l'Assemblée nationale et convertie en décret (1).

Le porteur de la pétition du Puy-de-Dôme n'était pas, comme on pourrait le supposer, un de ces démagogues vulgaires, sans expérience ni instruction, incapables de discerner le mal du bien. C'était un gentilhomme d'un âge mûr, avocat au Parlement et père de famille. Il s'appelait Du Clozel d'Arnery et mérite d'être signalé parmi les nombreux comparses dont le nom a figuré dans le grand drame révolutionnaire.

I

Gaspard-Claude Barbat du Clozel, écuyer, sieur d'Arnery, né à Riom, le 14 novembre 1733 (2), appartenait à une famille de robe. Son père, Jacques Barbat du Clozel, seigneur de Bladre, remplissait les fonctions de conseiller en la sénéchaussée et siège présidial de Riom. Catherine Chabrol, sa mère, était la sœur consanguine du savant commentateur de la *Coutume d'Auvergne*, Guillaume-Michel Chabrol.

Contrairement aux intentions de sa famille, qui aurait voulu le retenir à Riom, Gaspard-Claude Barbat, son

(1) Quoique le vote de la permanence des sections dût influer profondément sur la marche des événements, son importance ne semble pas avoir été saisie immédiatement par les contemporains. « La mention, dit à ce propos M. Mortimer-Ternaux, la mention » de cette décision qui devait avoir une influence si grande et si funeste sur le sort de la » France, occupe six lignes dans le *Journal des Débats et Décrets*, séance du » 25 juillet, nº 303, p. 362. Elle n'en occupe que deux dans le *Moniteur*. » (*Histoire de la Terreur*, tome II. — Voir aussi : *Pollio et Marcel*, le *Bataillon du 10 août*, chapitre VII.)

(2) Et non pas 1743, comme le dit Quérard dans la *France littéraire*. — Le nom de Duclozel est orthographié de plusieurs manières dans les divers documents manuscrits et imprimés que nous avons consultés : du Clauzel, du Closel, Duclozel, du Clozel. Cette dernière orthographe doit être la véritable. Elle est conforme à la signature mise au bas d'une lettre que nous reproduisons plus loin.

éducation terminée, se fit admettre au barreau de Clermont. C'est le 20 décembre 1759 qu'il fut inscrit au tableau des avocats de cette ville. Réussit-il dans sa profession? Eut-il une inportante clientèle? Se fit-il remarquer par ses consultations et ses plaidoiries? Cela est douteux. Toutefois, il est difficile de rien préciser à cet égard, les documents certains faisant défaut.

En 1787 et 1788, nous le trouvons établi à Paris (1). Il y était venu, selon toute vraisemblance, pour tâcher d'obtenir un emploi, pour se créer une position quelconque. Marié en 1763 (2), il avait alors quatre enfants et peu de bien. Et il était urgent de s'occuper du sort à venir de cette famille.

C'est à cette époque qu'il fit paraître une série de brochures sur diverses questions dont l'opinion publique se préoccupait.

Un vent de réformes soufflait alors sur la France. Sous l'inspiration de Rousseau, des encyclopédistes et des économistes, les problèmes les plus délicats de la législation et de la politique étaient agités et soumis à l'examen. Chaque partie de l'organisation sociale, politique, financière, administrative, était scrutée par des yeux atten-

(1) Voici une lettre qu'il adressait à cette époque à M. de Bonal, évêque de Clermont : « Monseigneur, je me fais un plaisir et un devoir de vous offrir cet ouvrage » (*sans autre désignation*). Je m'estimerai heureux s'il peut être honoré de votre » suffrage. — Vous en auriez déjà reçu un plus considérable et plus essentiel qui a » pour titre : *Véritable destination des religieux et de leurs revenus* ; mais l'im- » pression en est plus coûteuse, et des malheurs que je ne vous ai point dissimulés » en retardent la publicité. — Je suis avec respect, etc., du Clozel d'Arnery. — Ce » 15 décembre 1787, rue Saint-André-des-Arts, hôtel de Bourgogne.

» *P. S.* — Vous avez eu, il y a deux ans, la bonté de donner la tonsure à mon » fils qui est au séminaire de Saint-Louis. J'espère qu'il fera ses efforts pour mériter » vos bontés. — Vous m'obligeriez de me faire passer par quelque commodité votre » mandement sur les religieux. » (*Archives départementales du Puy-de-Dôme. — Fonds de la Commission intermédiaire.*)

(2) Il avait épousé, le 30 janvier 1763, Marie-Jeanne Amblard, fille d'Etienne Amblard, avocat au Parlement. Il en eut quatre enfants, deux filles et deux fils, dont nous reparlerons.

tifs, disséquée par des mains plus ou moins habiles. Beaucoup, après avoir lu Rousseau, Montesquieu, Mably, etc., s'improvisaient publicistes et mettaient brutalement à découvert tel ou tel défaut, telle ou telle plaie ou difformité du corps social, affirmant la sûreté de leur diagnostic, offrant leurs remèdes, proposant des traitements, des solutions plus ou moins empiriques. C'était par centaines que naissaient les brochures.

Piqué lui aussi de la tarentule réformatrice, Barbat du Clozel se mit à écrire sur les sujets les plus divers (1).

Voici la liste des publications dont nous avons retrouvé les titres :

Nouvelles lettres provinciales sur l'importance des opinions religieuses. 1787, in-8°.

Sur les Corvées. 1787 (?).

Moyen de constater l'état civil des protestants. Droits et devoirs des curés à leur égard. Genève, M'anyet et Compagnie ; 15 décembre 1787, 20 pages in-8°.

Vues sur l'intolérance et le rapport essentiel qu'ont toutes les sectes ou religions avec les religions chrétienne et naturelle. Bruxelles, 1788, 61 pages in-8°.

Le bon citoyen ou lettre à M. le comte de Pr... sur l'impôt territorial. Amsterdam et Paris, 1788, in-8°.

Véritable destination des religieux et de leurs revenus. 1788.

Abus et dangers de la contrainte par corps. Paris, l'auteur; Royez, 1788, 86 pages in-8°.

Projet d'édit pour la restauration de la chose publique, la convocation des Etats-Généraux, etc., ouvrage précédé de lettres adressées à LL. MM., et suivi de l'es-

(1) Dix ans auparavant, en 1777, Du Clozel d'Arnery avait publié, sous le titre de *Loisirs de Libanius*, un poème philosophique imité, disait-il, de Properce, de Juvénal et de Perse. Ce poème de 250 vers, par lequel l'auteur prétendait avoir exprimé *les doutes d'un philosophe*, est absolument ennuyeux et insignifiant, et on y chercherait vainement une idée neuve ou seulement un vers à citer.

quisse d'un code uniforme pour tout le royaume, par l'auteur d'un ouvrage sur les Corvées. Paris, 1788, in-8°, chez Royez.

Lettre à mes concitoyens. 1789.

Ces brochures, généralement sans originalité, à en juger par celles dont nous avons pu avoir connaissance, ne valurent pas grand renom à leur auteur. De nos jours (1), on l'a qualifié de jurisconsulte, à propos de ses pages sur *les abus et les dangers de la contrainte par corps.* C'est là une exagération. Un jurisconsulte, vraiment digne de ce nom, est un homme d'une grande rectitude d'esprit, sage, expérimenté, versé dans la connaissance de toutes les particularités du droit, habile à les interpréter dans les cas les plus difficiles, un homme, enfin, dont l'opinion fait autorité et peut servir de guide aux magistrats et aux législateurs. Barbat du Clozel avait sans doute un certain fonds de culture littéraire et d'instruction juridique. Il pouvait citer, suivant le cas, les Pères de l'Église, les poètes latins ou les écrits des légistes. Avec l'aide des commentateurs et des recueils de jurisprudence, il était capable d'écrire une dissertation, une amplification sur un sujet donné. Mais il y a loin de là à un traité *ex professo,* fruit de longues méditations. Il était d'ailleurs homme de premier mouvement, peu réfléchi et partant peu propre à creuser une question, à en déduire les conséquences. Il l'a bien prouvé plus tard; et son expérience, s'il en avait, ne lui a pas été de grande utilité.

Si les brochures que nous venons d'indiquer ne peuvent pas servir à éclairer beaucoup les questions dont elles traitent, elles peuvent cependant indiquer la disposition d'esprit de leur auteur à ce moment de son existence et faire connaître son opinion sur diverses matières.

(1) *Études sur l'histoire du droit en Auvergne,* par Bayle-Mouillard. Riom, 1842, in-8°. — *Histoire des Institutions de l'Auvergne,* par Rivière. Paris, Marescq, 1874, 2 vol. in-8°.

Au point de vue religieux, Barbat du Clozel semble animé des sentiments d'un catholique intelligent. Il se déclare l'ennemi de la superstition, de l'intolérance et du fanatisme. Toutefois sa religion n'est pas exclusive; et quoiqu'il s'occupe, à ce moment même, de faire admettre une de ses filles comme religieuse au couvent de Montmartre, quoiqu'il destine un de ses fils à l'état ecclésiastique, il professe pour son compte une orthodoxie assez accommodante, à en juger par la préférence qu'il donne à la religion naturelle et par l'éloge qu'il en fait.

« La religion naturelle, dit-il, est la loi éternelle qui, » de tout temps, a prescrit à l'homme des devoirs im- » muables qu'il doit pratiquer envers Dieu, envers ses » semblables, envers lui-même. C'est la seule qu'ont » connue les hommes depuis la création du monde jus- » qu'à l'époque de la loi donnée sur le mont Sinaï. C'est » celle dont l'observation exacte a rendu Abraham si » agréable à Dieu qu'il l'a jugé digne d'être père d'une » nombreuse postérité. Cette religion est l'expression de » la sagesse même qui, selon l'Ecclésiaste, est avant » tous les temps et survivra à tous les siècles. Ses pré- » ceptes, dit Cicéron, sont si immuables que ni le Sénat, » ni le peuple romain, ni Dieu lui-même, ne peuvent y » déroger.

» Aucune nation ne les a méconnus, et, dans toutes » les parties du monde, ils sont la base des codes mo- » raux, civils et religieux de tous les législateurs.

» Dieu lui-même a gravé dans nos cœurs cette loi si » sainte, et nul homme ne peut, sans remords, trans- » gresser ses justes commandements. Enfin, l'Être-Su- » prême a voulu que la sanction de cette première loi fût » si universellement notoire, que non-seulement la » croyance unanime de tous les peuples nous annonce » un Dieu vengeur et rémunérateur, mais que, dans cette » vie même, la vertu trouve une récompense certaine, » le vice une punition inévitable.

» Telle est la religion naturelle qui a été perfectionnée,
» sanctifiée par la révélation, et qui sans doute était imparfaite, puisqu'elle donnait plutôt les préceptes que les grâces nécessaires pour les accomplir. Mais cette religion, néanmoins, a toujours été et sera perpétuellement la souche incorruptible de toutes les religions.

» Cette première loi, la loi de la nature,
» Que, même en ses erreurs, respecte l'imposture,
» Pure, sainte, immuable et la même en tous lieux,
» Régit également et la terre et les cieux.
» Du Souverain des temps elle est l'image auguste
» Et se peint sur le front de l'homme intègre et juste.
» Chaque jour combattus par des vains préjugés,
» Ses éternels décrets ne sont jamais changés.
» Ils sont de tous les temps comme l'Être-Suprême
» Qui dans nos cœurs ingrats, les a gravés lui-même (1). »

L'esprit de tolérance qui anime Du Clozel l'amène à s'occuper des non-catholiques qui, comme on sait, avaient sous l'ancien régime une situation sacrifiée. Il fait des vœux pour que le roi publie promptement l'édit qu'on a annoncé accordant aux protestants une existence légale. Il s'inquiète de leur état civil. Il voudrait que les curés fussent tenus de recevoir, rédiger et garder les actes relatifs à la naissance, au mariage et à la mort de tous les citoyens catholiques ou non-catholiques. *Le curé*, dit-il, *est autant et plus le ministre de l'État que celui de l'Église.* Dans l'adoption de cette mesure, qui aura pour effet de placer tous les Français sous une même loi, il voit encore un autre avantage. Grâce à elle, au moyen de la légère rétribution qui sera exigée pour chaque acte, on pourra améliorer la situation pécuniaire des curés *qui seuls portent le poids du jour*, *qui, seuls avec les évêques, sont les successeurs des apôtres*, *les coopérateurs*

(1) *Vues sur l'intolérance*, etc. — Dans une note placée au bas de la page 22 de sa brochure, Du Clozel dit que *ces vers sont extraits d'un poème qu'il espère donner au public*. — Nous ignorons si ce poème a vu le jour.

de l'œuvre publique, les ministres essentiels de l'Église; et il oppose la situation de ces prêtres modestes à celle de cette foule « d'abbés qui le disputent aux financiers par » leur faste, aux petites maîtresses par leur élégance, aux » sybarites par leur mollesse, aux moines par leur inuti- » lité, et qui vivent néanmoins dans l'opulence. »

En politique, on peut constater que Du Clozel est un fidèle sujet du roi. Mais ce qu'il apprécie par-dessus tout, ce sont les essais de réforme tentés par Louis XVI sous l'inspiration de Turgot; et il laisse percer ses préférences lorsqu'il parle du prince qui, *dans l'aurore de son règne, n'a fait briller l'éclat de sa puissance que pour donner à la nation des jours plus sereins*, du monarque qui *voudrait pouvoir abolir dans ses Etats jusqu'au moindre signe de servitude.*

Ce qui domine dans les idées politiques de Barbat du Clozel, c'est la préoccupation de l'arbitraire. Pour mettre un frein au pouvoir, jusque-là sans contrôle, du Gouvernement, il voudrait une régénération de la Constitution. Il voudrait que des lois positives et invariables fussent édictées, réglant le mode de formation des Etats généraux et des Etats provinciaux, et donnant à ces assemblées le droit de se réunir périodiquement et sans convocation à des époques déterminées. Comme garantie contre les tendances despotiques et arbitraires des ministres à venir, il propose deux mesures principales, dont il s'exagère l'efficacité. C'est d'abord la permanence de l'*Assemblée nationale*, ainsi qu'il la qualifie, permanence réalisée par la création d'un *Tribunal intermédiaire* « qui, en l'absence » des Etats généraux, sera, dit-il, le véritable Sénat de » la nation et dès lors formera une digue, perpétuellement » existante, perpétuellement renaissante, contre les abus » ou les attentats de l'autorité ministérielle. » Il demande en second lieu que désormais soldats et officiers de toutes armes soient astreints à faire *le serment de ne jamais prêter main-forte au Gouvernement ni pour empêcher les Assemblées nationales, ni pour lever des subsides sans leur consentement ;* comme si un serment quelconque avait pu préserver une Constitution et la faire vivre.

Du Clozel s'occupe aussi de la question financière. Sur ce point, ses vues sont à la fois simples et essentielles. Nous ne connaissons pas sa brochure sur les contributions publiques ; mais, à en juger par ses discours à l'Assemblée de la noblesse en 1789, il était hostile au maintien des privilèges et partisan résolu de l'assujettissement de tous les citoyens à l'impôt, à la condition toutefois que cet impôt, ramené à une contribution unique, fût préalablement consenti par la nation ou ses représentants aux Etats généraux.

En matière judiciaire, Barbat du Clozel est également avec les novateurs. Il signale plusieurs des vices de l'organisation actuelle : les longueurs et les complications coûteuses de la procédure, les juges amovibles au gré des seigneurs, le nombre infini des praticiens, hommes de loi de bas étage, *qui ne peuvent exister qu'en provoquant des désastres*, etc. Comme remède, comme correctif à toutes ces plaies, il demande « un code uniforme et permanent dont les statuts simples, clairs et précis seraient substitués à cette bizarre multiplicité de lois, de coutumes et de jurisprudence, si souvent contraires les unes aux autres. »

Plus spécialement, il essaie de démontrer que la contrainte par corps est nuisible au repos des familles, qu'elle contribue à détruire les fortunes privées et qu'elle est par conséquent contraire à la prospérité publique; et il supplie Louis XVI d'appliquer à la France cette loi de Léopold d'Autriche, qui défendait à tous ses sujets de s'obliger par corps les uns envers les autres par aucuns contrats ou conventions, à peine de nullité.

Cependant les Etats généraux étaient convoqués. Du Clozel, qui fondait sur leur réunion les plus grandes espérances pour la France et pour lui-même, se hâta de revenir en Auvergne. Le 17 mars 1789, il assistait à l'ouverture de l'Assemblée des trois Etats de la Sénéchaussée de Clermont-Ferrand (1), et, pendant toute la session, il fut des plus assidus aux Assemblées particulières de la noblesse.

Dans ces Assemblées, Du Clozel ne se borna pas à remplir simplement les fonctions d'électeur. Alors que son tempérament ardent ne l'y eût pas poussé, ses études et ses publications devaient tout naturellement l'amener à se mêler à la discussion du cahier de son ordre. Il y prit une part importante en effet et fit tous ses efforts pour convertir à ses idées les gentilshommes de la Sénéchaussée. Il est à remarquer cependant que, soit qu'il subît l'influence du milieu un peu arriéré dans lequel il se trouvait, soit que, de peur d'effaroucher, il mît une sourdine à l'expression de ses opinions, il est à remarquer qu'il ne se montra novateur qu'avec beaucoup de ménagements et de précautions.

Il condensa ses propositions dans un discours fort étudié (2). Après avoir rappelé l'opinion formulée par lui dans une brochure antérieure, au sujet principalement de la périodicité des Assemblées nationales et provinciales, il adjura les membres de la réunion de renoncer à toute espèce de prérogative en matière d'impôt. La noblesse, leur dit-il en substance, la noblesse doit renoncer à ses

(1) Deux membres de la famille Du Clozel figurèrent à la même époque à l'assemblée de la Sénéchaussée d'Auvergne, dont les séances s'ouvrirent à Riom le 14 mars 1789. C'étaient : François Barbat du Clozel du Cayre et Jacques-Antoine Barbat du Clozel.

(*Le nom de famille est reproduit ici tel qu'il est dans le procès-verbal imprimé de l'assemblée de la noblesse.*

(2) Ce discours a été imprimé sous le titre suivant : *Discours prononcé par M. du Clozel d'Arnéri à l'assemblée de la noblesse de la Sénéchaussée de Clermont.* 16 pages in-4°.

prérogatives ; mais il faut que les impôts actuels soient déclarés inconstitutionnels et qu'il n'y ait désormais qu'un seul impôt. Et, à l'appui de sa proposition, il essaie de démontrer que les privilèges ont fait leur temps, qu'ils sont une source d'abus, qu'ils sont injustes, contraires aux intérêts de ceux-là même qui en jouissent et que l'abandon volontaire que la noblesse en ferait ramènerait à cet ordre l'influence qu'il avait jadis dans le Gouvernement.

Membre de la noblesse de robe, fils de conseiller et aspirant peut-être à devenir conseiller à son tour, Du Clozel a en horreur ceux qui ont osé faire servir l'autorité royale à l'abaissement et à la destruction des Parlements, à la suppression des Cours supérieures, à la persécution et à l'exil des magistrats (1). C'est pour lutter contre le despotisme des ministres qu'il recommande aux gentilshommes la renonciation aux privilèges. Par cette mesure, on se rendra favorables les membres du Tiers-Etat, on s'assurera de leur appui et on pourra, grâce à cette union d'intérêts, résister à ce qu'il appelle *les attentats de l'autorité ministérielle*. Sinon, si la noblesse ne se décide pas à accomplir, pour sa part, un sacrifice auquel le clergé a partout consenti, le Tiers-Etat lui sera certainement hostile. Il n'y aura dès lors dans la prochaine Assemblée des Etats généraux que *contrariété, division et anarchie ;* l'arbitraire continuera à régner et cette Assemblée nationale sera illusoire comme tant d'autres. « Je suis donc d'avis, » dit-il en terminant, que l'ordre dépose absolument » tous ses droits, toutes ses prétentions dans le sein du » peuple en se réunissant avec lui par l'abandon de tout » privilège et le vote d'un seul impôt, je veux dire d'une » subvention unique, réelle et territoriale. »

(1) Cette antipathie resta toujours vivace chez lui. « Vous vous rappelez, disait-il en » 1791, vous vous rappelez ces jours désastreux où des ministres impies voulurent dis- » soudre la magistrature entière parce qu'elle refusait de se rendre plus longtemps » complice de leurs déprédations.... » (*Éloge funèbre de Honoré Riquetti-Mirabeau, etc.* Clermont. Limet et Poncillon. 32 pages in-4°.)

Les propositions de Barbat du Clozel ne furent pas toutes adoptées et ne pouvaient pas l'être. L'esprit d'abnégation et de renoncement *absolu* n'existe pas plus chez les corps que chez les individus. Cependant, son intervention ne fut pas sans effet. On en trouve la trace manifeste dans quelques-unes des décisions consignées dans le cahier que la noblesse de Clermont remit au comte de Montboissier, son député élu.

Ainsi le cahier contient un vœu tendant à ce que les ministres soient rendus responsables de tous leurs actes, et que les Etats-Généraux puissent au besoin les faire traduire devant la cour des pairs. Un autre vœu est aussi formulé en faveur de la périodicité des Etats-Généraux. Mais, contrairement aux désirs de Du Clozel, la noblesse de Clermont se prononça formellement contre l'institution d'un tribunal ou Commission intermédiaire, de crainte que les membres de cette commission ne s'entendissent avec les ministres, pour retarder la réunion des Etats et ne vinssent à acquérir *une prépondérance aristocratique funeste au trône et à la nation.* Elle se montra favorable au projet de la codification des lois civiles et criminelles et à l'unification de l'impôt. Mais elle ne put se décider *à déposer dans le sein du peuple,* comme l'y conviait Du Clozel, tous ses priviléges et prérogatives. Au contraire, elle demanda le maintien de ces prérogatives en matière de grades militaires, de chasse, de bourses dans certaines maisons d'éducation, etc. Et, si elle consentit à ce que les impôts *fussent supportés également par tous les ordres et tous leurs individus,* ce ne fut pas sans spécifier une réserve, une exception en faveur du gentilhomme-cultivateur faisant valoir à sa main. Ce gentilhomme devait pouvoir conserver, *franche de tout impôt,* une étendue de terrain d'un revenu équivalent à cinquante septiers de froment.

II

Au contact des événements, les aspirations libérales de Barbat du Clozel se dégagèrent rapidement des principes d'ancien régime qui les enveloppaient encore comme d'une gangue, et se montrèrent bientôt pures de tout mélange, se perfectionnant et s'affinant sans cesse au souffle du vent révolutionnaire. De telle sorte que, dans le courant de l'année 1790, le gentilhomme loyaliste avait déjà chez lui fait place au fervent patriote.

On eut bientôt la preuve de cette transformation. Sous l'influence d'un ancien membre de l'assemblée des électeurs de Paris, de Bancal des Issarts, une Société des amis de la Constitution s'était fondée à Clermont au mois de mars 1790. Barbat du Clozel ne figure pas parmi les membres fondateurs. Mais il est à croire qu'il ne tarda pas à donner son adhésion à la nouvelle Société. Que se passa-t-il alors? Du Clozel y fut-il mal reçu? Ses projets de réforme ne furent-ils pas suffisamment appréciés? Ne put-il pas obtenir la prépotence qu'il ambitionnait? Se heurta-t-il à des opinions trop en contradiction avec les siennes? Ou, encore, prit-il parti dans la querelle survenue au mois d'août entre le député Biauzat et M. de Chazot, colonel de la garde nationale, querelle qui avait séparé en deux camps les patriotes de Clermont? Nous ne savons. Mais, vers la fin de l'année, dans les derniers jours du mois de novembre, de concert avec quelques autres mécontents, d'Albiat, le curé Monestier, etc., il établit à Clermont une seconde Société populaire. Pour se différencier de la première Société installée par Bancal et autres dans l'ancien couvent des Jacobins, le nouveau club prit le titre de *Société des amis de la Constitution de Clermont-Ferrand, séante aux Carmes.*

Sans s'inquiéter des suites de la scission qu'ils venaient de produire, les fondateurs du club des Carmes voulurent sans tarder donner leur mesure (1). Dès les premières séances, ils se posèrent comme les défenseurs par excellence de la Constitution, comme les vrais soutiens de la liberté. Ils se constituèrent les surveillants attentifs des nobles, des prêtres et de tous les ennemis supposés de la Révolution. Cet office de guetteur, de sentinelle vigilante montant la garde autour des conquêtes faites sur l'ancien régime, Barbat du Clozel le remplit avec une prévoyante perspicacité, avec une ardeur toute juvénile. C'est lui qui, dans la nouvelle Société, fut le principal motionnaire, l'attacheur de grelots, l'entraîneur émérite.

Le 16 décembre 1790, sur le bruit de la découverte d'une conspiration à Lyon, il présenta contre les émigrés une proposition dans laquelle il signalait, en termes des plus virulents, les dangers que l'émigration faisait courir à la France. « La patrie, disait-il entre autres, est me-
» nacée de guerres intestines, d'invasions étrangères. Et
» tandis que tous les citoyens auraient dû se réunir pour
» la défendre, cette même patrie a nourri jusqu'à ce jour
» dans son sein un très-grand nombre de traitres qui se
» sont concertés, coalisés, expatriés, les uns pour allu-
» mer le feu de la discorde et secouer sur toutes les par-
» ties de cet empire ses torches incendiaires, les autres
» pour rallier contre nous les puissances voisines et por-
» ter sur nos frontières la dévastation du fer ennemi.

» Peu leur importe que nos habitations soient brûlées,
» que nos terres soient ravagées, que des torrents de sang
» submergent cet empire! L'insensible, l'audacieux pa-
» tricien ne compte point les victimes qui seront immo-
» lées, les larmes qui couleront, les calamités qui acca-
» bleront la France entière. Il n'a qu'un seul but. Ce but
» est de ressusciter le régime aristocratique, ce but est
» de faire revivre ces jours d'aveuglement, ces siècles de

(1) C'est à tort que, dans son étude sur *Dulaure*, M. Boudet représente la Société des Carmes comme plus modérée que celle des Jacobins.

» tyrannie et de servitude où nos rois abandonnaient les » rênes de l'empire, livraient les richesses de l'Etat aux » protégés de leurs subalternes, aux intrigues des cour- » tisans, aux manœuvres des commis (1). »

Et, après avoir fait connaître le mal, il indiquait le remède. Ce remède, on devait le trouver dans un décret qui défendrait à tous les citoyens de sortir du royaume pendant l'année 1791, sans un passeport délivré par la municipalité du chef-lieu de la résidence et qui enjoindrait à tous les expatriés de rentrer en France dans la quinzaine après la promulgation de la loi, et cela, sous peine d'être *exhérédés de la jouissance de tous leurs biens.*

La motion eut un très-grand succès. La Société en vota l'impression et l'envoi tant aux départements et aux municipalités qu'aux sociétés patriotiques, et décida en outre qu'elle serait convertie immédiatement en une adresse à l'Assemblée nationale. Dans cette pièce, la Société des Carmes, après avoir signalé la recrudescence des émigrations et les dangers qui en résultaient, demandait l'organisation d'une Haute-Cour nationale et la prompte exécution du récent décret qui attribuait des armes à toutes les municipalités.

Présentée à l'Assemblée par le député Gaultier de Biauzat le 28 décembre 1790, cette adresse obtint les applaudissements de la majorité qui en ordonna l'impression (2). C'était un véritable succès.

(1) *Motion faite à la Société des amis de la Constitution séante aux Carmes de Clermont-Ferrand, par M. Barbat du Clozel, membre de cette Société, sur la nécessité de faire rentrer dans le royaume les transfuges et d'empêcher de nouvelles émigrations.* Du 16 décembre 1790. — Clermont-Ferrand, de l'imprimerie patriotique de Denis Limet, membre de cette Société; 8 pages in-4°.

(2) Heureux et fiers des félicitations que la vigilance de Barbat du Clozel venait de leur valoir de la part des représentants de la nation, les patriotes des Carmes voulurent faire connaître dans tout le département le brevet de patriotisme qui leur était ainsi donné de si haut. Le 2 janvier 1791, ils expédièrent à tous les corps administratifs du Puy-de-Dôme des exemplaires de leur adresse, en les accompagnant d'une

Encouragé par cette approbation éclatante donnée à son premier cri d'alarme, Du Clozel se tint plus que jamais aux aguets, écoutant, recueillant et rapprochant les bruits publics, et en tirant des déductions parfois justifiées.

Quelque temps après sa première motion, *frappé du concert des émigrants, de la simultanéité de leur départ, de l'uniformité de leur point de réunion*, frappé aussi de leurs rentrées, de leurs allées et venues, et de la concordance des époques auxquelles les villes de Lyon, d'Aix, d'Antibes et de Perpignan étaient menacées d'une insurrection, il communiqua ses alarmes à ses confrères des Carmes, leur disant qu'*il était convaincu qu'il y avait une conspiration générale de tous les mauvais citoyens du royaume, et que des émissaires secrets entretenaient entre eux une correspondance criminelle.*

Sur sa proposition, la Société prit un arrêté par lequel « elle suppliait l'Assemblée nationale de rendre un décret » qui ordonnât une information et les recherches les plus » sévères contre tous ceux qui s'étaient rendus si juste- » ment suspects par ces départs et ces retours précipités. »

Le 28 janvier, nouvelle motion. Cette fois, Du Clozel précise davantage. Il énonce des faits certains. Il fait voir que les Français expatriés se rassemblent tous dans la Flandre autrichienne, et que là, réunis aux troupes de l'empereur Léopold, ils préparent l'invasion de la France. Il adjure ses concitoyens de ne pas se laisser aller à une fausse sécurité. Certes, il n'y a pas lieu de s'effrayer, mais il faut prendre des précautions. L'Assemblée nationale a décidé la levée de cent mille auxiliaires pour compléter les troupes de ligne. Cela ne suffit pas. Il faut imiter les sections de Paris qui ont décidé de fournir douze mille volontaires. Il faut que chaque département suive

circulaire spéciale. « Notre adresse, disaient-ils, a obtenu l'approbation du Sénat natio- » nal. Nous serons flattés qu'elle obtienne la vôtre, et qu'elle vous soit une preuve » du patriotisme pur et zélé qui nous attache inviolablement à la Nation, à la Loi et » au Roi... »

cet exemple. Si les patriotes venaient à s'abandonner eux-mêmes, et si le despotisme venait à renaître, « cette révo-» lution, qui, dit-il, doit être à jamais mémorable, se ter-» minerait comme toutes nos autres guerres ou dissensions » civiles ; c'est-à-dire que les grands et les parlements » livreraient la nation au roi, et que celui-ci partage-» rait avec eux la dépouille du peuple ; c'est-à-dire que » nous verrions renaître l'émission des lettres de cachet, » la vénalité des charges, la distribution arbitraire des » dignités et des pensions, la perception financière (?) » des impôts, le régime infâme de la gabelle, les abus » révoltants des privilèges, de la dîme, de la chasse, des » péages, des moulins et des fours banaux. » Il termine en disant qu'il n'y a qu'un moyen de prévenir les dangers dont il a démontré l'existence, *c'est l'appareil d'une force imposante ;* et il demande que le département soit invité à organiser une légion de volontaires qui serait pourvue de bagages, armes et munitions, de façon à être prête à partir au premier signal.

Accueillie par des applaudissements unanimes, cette motion véhémente fut adoptée par la Société des Carmes, qui en ordonna l'impression (1). Six commissaires furent en même temps adjoints à Barbat du Clozel pour la présenter, au nom de la Société, aux membres du Directoire du département.

Moins ardent que les Amis de la Constitution, et retenu par la responsabilité qui pesait sur lui, le Directoire du département ne voulut pas se prêter à la réalisation immédiate d'un projet pour lequel il n'avait reçu aucun ordre, aucune instruction de la part de l'administration supérieure.

(1) Voici le texte de l'imprimé : *Motion faite le 28 janvier par M. Barbat du Clozel à la Société, etc., sur les précautions qu'on doit prendre pour prévenir les dangers des conspirations et de la guerre dont la nation est menacée*, suivie de l'extrait d'une délibération de la Société du 6 février. Clermont, Delcros. 14 pages in-4°.

Quinze jours après, le 21 février, Barbat du Clozel, infatigable, tente une nouvelle démarche, et vient, au nom de la Société, haranguer encore les membres du Directoire. Il réclame avec les plus vives instances une proclamation invitant tous les citoyens du département de 18 à 40 ans à faire inscrire leurs noms et domicile, à l'effet de permettre la formation d'une légion de quatre mille volontaires (1). Mais les autorités ne semblaient pas disposées à prendre d'elles-mêmes une décision aussi importante, aussi nouvelle. La seconde tentative de Du Clozel n'eut pas plus de succès que la première, et il fallut plusieurs manifestations des sociétés populaires pour que les patriotes obtinssent satisfaction.

Nous avons raconté ailleurs (2) les divers incidents qui précédèrent la formation du premier bataillon des volontaires du Puy-de-Dôme. Il est inutile d'y revenir. Qu'il nous suffise de rappeler que, parmi les rares communes rurales qui firent preuve d'enthousiasme, une de celles qui fournit le plus d'enrôlements fut la commune de Chadeleuf, près Issoire, où Barbat du Clozel résidait une partie de l'année. C'est évidemment à son influence directe et personnelle qu'il faut attribuer cette manifestation insolite de patriotisme rural.

Depuis son retour en 1789, Barbat du Clozel était resté en Auvergne. Il faisait, nous l'avons dit, de fréquents séjours à Chadeleuf où il possédait une propriété. Mais le lieu de sa résidence habituelle était la ville de Clermont. Il s'y était installé à demeure.

Comme sa fortune était médiocre et que d'autre part la politique ne nourrit gère, il avait cherché à se créer des

(1) Le discours de Barbat du Clozel a été imprimé. On le trouvera reproduit à l'appendice du volume : *Les Bataillons des Volontaires du Puy-de-Dôme* (1791-1793), par Fr. Mège. Paris, Claudin. 1880. In-8°.

(2) *Les Bataillons de Volontaires.*

ressources supplémentaires. Il avait donc repris sa profession d'avocat. Mais elle ne devait pas être bien lucrative. Ses allures de politicien exagéré n'étaient pas pour lui amener beaucoup de clientèle. Aussi, ayant peu à plaider, travaillait-il souvent à des besognes secondaires, à des mémoires explicatifs sur des questions soulevées par l'interprétation des lois nouvelles, à des pétitions en vue d'obtenir de l'Assemblée nationale des modifications aux circonscriptions des communes et des paroisses. Il essaya aussi d'ouvrir un cours de droit. La commune lui concéda, à cet effet, la salle d'audience de l'ancienne officialité (1). L'essai réussit-il? Nous l'ignorons; mais très-certainement, si ce cours de droit eut une durée quelconque, cette durée ne fut pas longue. Barbat du Clozel était d'un tempérament trop ardent, trop inquiet, trop agité, pour se vouer longtemps à une occupation paisible et uniforme. Il se laissa accaparer de plus en plus par la politique. Il en fit comme le but de son existence. Était-ce par ambition? Espérait-il arriver à une situation élevée dans l'administration, ou bien même à un siège dans la représentation nationale? Peut-être; mais on ne peut l'affirmer.

Pour le moment, il ne rêvait que motions et s'entraînait lui-même en cherchant à entraîner les autres. On le voit toujours au premier rang, toujours à l'affût de redressements à solliciter, de réformes à opérer.

Au mois d'avril 1791, une cérémonie funèbre est organisée, par la Société des Carmes, en l'honneur de Mira-

(1) *Extrait du registre des délibérations de la commune de Clermont-Ferrand.* Séance du 10 mars 1791, présidée par M. Sablon, maire. « ...... Il a été » fait lecture du prospectus d'un cours de droit public que se propose d'enseigner » M. Du Clozel ; et sur la demande par lui faite que la municipalité voulût bien lui » procurer un local propre à tenir ses séances, le Conseil général de la commune a » désigné la salle d'audience de la ci-devant officialité comme propre à cet objet, et a » autorisé la municipalité à faire toutes les démarches convenables pour l'obtenir. — » Le Conseil général de la commune a chargé MM. Chappel et Trébuchet de se transporter chez M. Barbat du Clozel, à l'effet de lui témoigner la satisfaction du Conseil » général de la commune. » (*Registre des délibérations*, vol. 17.)

beau qui vient de mourir. Barbat du Clozel se charge de prononcer l'éloge de l'illustre orateur.

De passage à Paris au mois de juillet suivant, il prend la parole au club des Jacobins, et s'associe aux protestations soulevées par la répression de la manifestation du Champ-de-Mars.

En février 1792, il se mit encore plus en évidence. Une loi relative au remboursement des dîmes inféodées, c'est-à-dire des dîmes tenues en fief par des laïques, avait été édictée par l'Assemblée le 18 janvier 1791. Cette loi était appliquée dans le département du Puy-de-Dôme d'après des évaluations émanées d'experts souvent peu soucieux des intérêts du Trésor. Avisé de ces abus, dont il vérifia d'abord l'existence, Barbat du Clozel résolut d'en provoquer la cessation. Dans un mémoire écrit en style énergique, il entreprit de signaler les sommes exorbitantes allouées aux ci-devant propriétaires de ces dîmes inféodées, affirmant que dans le seul district de Clermont, où l'évaluation atteignait le chiffre de trois millions, il y avait exagération d'au moins un million. Puis, après avoir dévoilé la confusion établie par des experts trop complaisants entre les *dîmes inféodées* et les *novales* (1), sortes de dîmes ecclésiastiques supprimées sans indemnité, il demandait à l'Assemblée nationale de suspendre le remboursement des liquidations déjà décrétées et de voter une loi donnant les moyens de prévenir la fraude et de faire restituer les sommes indûment payées.

Ce mémoire, rédigé en forme de pétition, Barbat du Clozel le soumit à la Société populaire et aux membres de la Commune ; et, après avoir obtenu plus de quatre cents signatures, il se décida à le porter lui-même aux représentants du peuple. Ce voyage lui vaudrait d'ailleurs une

(1) Les *novales* étaient des dîmes frappant des terres défrichées nouvellement mises en culture. Ces dîmes appartenaient toujours au curé de la paroisse, quelque droit qu'eût un seigneur laïque ou ecclésiastique sur le lieu où les terres étaient situées.

grande notoriété et lui permettrait de se retremper à la source même du vrai patriotisme, au club des Jacobins.

Il arriva à Paris dans les premiers jours de février 1792. Ce ne fut qu'à la séance du 12 qu'il put être admis à la barre. Grâce à son compatriote Couthon, qui se fit son introducteur et son répondant, il fut accueilli très-favorablement (1). La pétition, dont on ordonna le renvoi au Comité féodal, eut les honneurs d'une mention spéciale au procès-verbal. Quant au discours du pétitionnaire, il fut couvert d'applaudissements et reçut du président Condorcet une réponse des plus flatteuses (2).

III

L'épisode le plus marquant de l'existence publique de Du Clozel, celui qui le classe parmi les révolutionnaires avérés, c'est sa participation au 10 août.

On sait qu'une fête commémorative de la Fédération

(1) « J'ai vu jeudi soir M. Barbat. Il m'a dit être chargé de présenter à l'Assemblée » nationale deux pétitions importantes.... » (Lettre de Couthon du 4 février 1792.) — « M. Barbat fut admis dimanche à la barre, il lut la pétition dont il avait été » chargé, il y joignit un discours qui fut vivement applaudi. J'ai fait tout ce qui a été » en moi pour lui rendre sa mission flatteuse et agréable sous tous les rapports. Je » souhaite y avoir réussi.... » (Lettre du 4 février.) (*Correspondance inédite de Georges Couthon*, publiée par Francisque Mège. Paris, Aubry, 1872, in-8o.)

(2) Voici cette réponse : « Les citoyens de Clermont ont fait éclater, dans des cir- » constances difficiles et périlleuses, un courage que la France n'oubliera point. Au- » jourd'hui, ils montrent que leur zèle pour les intérêts du Trésor national égale celui » qu'ils ont montré pour la liberté, parce qu'ils savent que le sort de cette liberté est » attaché au rétablissement de l'ordre dans les finances. — Nous voyons avec plaisir » qu'ils aient choisi pour organe un citoyen qui a soutenu la cause de l'égalité dans » un temps où elle exigeait de lui des sacrifices et où il fallait la défendre non en » unissant sa voix à celle de la nation, mais en combattant seul pour elle au milieu » de ses ennemis. » (*Extrait du procès-verbal de l'Assemblée nationale.*)

Rendant compte de la démarche de Du Clozel à la barre de l'Assemblée, Rabusson-Lamothe, dans une lettre à la municipalité de Clermont, disait : « Son discours m'a » paru bon et son débit animé, et sa voix très-étendue n'en laissait pas perdre un » mot... » (*Lettres sur l'Assemblée législative*, etc., publiées par F. Mège, Paris, Aubry, 1870.)

était célébrée chaque année au Champ-de-Mars, à Paris, le jour anniversaire de la prise de la Bastille. La fête, qui devait avoir lieu au mois de juillet 1792, se préparait dans des circonstances particulièrement graves. Ce qui ajoutait encore à la gravité, c'était la coïncidence de la réunion à Paris, le 14 juillet, des volontaires destinés à former le camp de vingt mille hommes, décrété par l'assemblée sur la proposition du ministre Servan. Dans la pensée de Servan, les volontaires appelés à former ce camp devaient être en même temps considérés comme les délégués de leurs concitoyens et devaient assister en cette qualité à la fête fédérative. Le décret voté par l'assemblée ne se prononça pas expressément sur la double qualité qu'on voulait attribuer aux volontaires, et se contenta de dire que la nouvelle force se réunirait à Paris le 14 juillet. Mais les amplifications données par le ministre et le rapporteur du projet n'en restaient pas moins le commentaire exact de l'esprit de la loi.

A ce moment, la déchéance du roi était à l'ordre du jour et les ennemis de la royauté travaillaient à la faire prononcer à bref délai. L'occasion de la Fédération était trop propice pour qu'on ne songeât pas à en tirer parti. Sur l'invitation des jacobins de Paris, toutes les sociétés affiliées des départements se mirent en branle.

A Issoire, des citoyens, se disant *les vrais amis de la liberté*, s'assemblèrent pour rédiger des adresses, dans lesquelles, après avoir témoigné leur estime et leur sympathie aux ministres renvoyés par la cour, ils flétrissaient énergiquement la conduite criminelle de Lafayette et du pouvoir exécutif (1).

A Clermont, de nombreuses réunions eurent lieu, où furent discutés les moyens de parvenir à suspendre ou à supprimer la monarchie, que, dans ce monde spécial,

(1) Ces adresses, déposées par Romme, le 18 juillet, sur le bureau de l'Assemblée eurent, malgré l'opposition de Bret, député d'Issoire, renvoyées à une commission.

on était arrivé à considérer comme l'unique obstacle aux progrès de la révolution. Les moyens de violence répugnant au grand nombre, on s'arrêta à l'idée d'obtenir la convocation et la permanence des sections et assemblées primaires. Comme on ne doutait pas de leurs préférences pour les patriotes, on espérait organiser ainsi un ensemble de délibérations ou de pétitions similaires qui, par leur concordance, ne pourraient manquer d'exercer sur l'assemblée une pression irrésistible. Une pétition fut donc rédigée, qui, reproduite à plusieurs exemplaires, fut colportée dans le département pour recevoir des signatures.

Cette pétition faisait d'abord le tableau des manœuvres antinationales de la cour, et affirmait que le roi, chargé de veiller à la sûreté de la constitution, en était l'ennemi le plus menaçant. « Ainsi, ajoutait-elle dans le style ampoulé de l'époque, et en faisant allusion au renvoi des ministres girondins, ainsi le vaisseau de l'Etat, en proie aux plus grands orages, se brisera nécessairement contre des écueils inévitables, puisqu'il y est conduit par le nautonier chargé spécialement de sa direction, puisque ce nautonier vient de renvoyer les seuls pilotes qui pouvaient s'opposer à ses coupables manœuvres. » Enfin, elle terminait en demandant *le rassemblement et la permanence* des sections primaires dans tout le royaume (1).

(1) Le texte entier de la pétition que nous avions précédemment publié dans l'*Intermédiaire des chercheurs* (année 1865, page 562), est reproduit aux Pièces justificatives. — Déjà, plus d'un an auparavant, la société des Carmes de Clermont, où dominait Barbat du Clozel, avait cherché à réfuter les arguments opposés à des émissions de vœux ou pétitions par les assemblées primaires. Dans une adresse du 20 mai 1791, elle demandait à l'Assemblée nationale de rapporter un décret du 10 mai, portant que *le droit de pétition appartient à tout individu et ne peut être délégué*, et que ce droit *ne peut être exercé en nom collectif*, ni par les corps constitués, communes, sections de communes, etc., ni par des sociétés de citoyens. Ce décret, suivant la société des Carmes, faisait rétrograder les Français dans la carrière de la liberté, et le droit de pétition en nom collectif lui paraissait le seul mode permettant une manifestation de la volonté générale, le seul qui pût fournir une boussole aux représentants.

« Qu'on ne dise pas, ajoutait la pétition, que le vœu des sections n'exprime pas tou-

Mis en goût par l'accueil qu'il avait reçu des représentants de la nation, lors de sa première ambassade, Barbat du Clozel s'offrit pour être le porte-parole des patriotes du Puy-de-Dôme auprès de l'assemblée nationale et pour accompagner à la fête commémorative du 14 juillet les volontaires fédérés du département.

L'offre ayant été acceptée avec empressement, il fixa son départ aux premiers jours de juillet. Sa réputation d'agitateur était telle que l'annonce de son prochain voyage effraya les citoyens modérés. Les membres du Directoire du Puy-de-Dôme crurent même qu'il était de leur devoir d'avertir leurs collègues de Paris. Et ceux-ci, à leur tour, s'empressèrent d'aviser les ministres, qui donnèrent immédiatement des ordres pour faire surveiller dès son arrivée un homme aussi dangereux (1).

A Paris, où il arriva le 10 ou le 11 juillet, en compagnie de son ami, le futur conventionnel Monestier,

» jours le vœu de la majorité de la commune, sous le spécieux prétexte que souvent » les assemblées des sections sont peu fréquentées! D'abord, il est évident que les pétitions individuelles ne parviendront jamais à présenter un aussi grand tableau de » la commune que la pétition en nom collectif. D'ailleurs, qui ne sait que, pour obtenir le vœu général, il ne faut pas avoir la majorité des vœux de tous les citoyens » d'un empire, mais seulement la majorité des vœux de ceux qui s'occupent de la » chose publique et qui prennent part à la délibération? Qui ne sait que ceux qui » s'abstiennent volontairement de délibérer, sans s'opposer à ce qu'une délibération » soit prise, sur un objet déterminé, et sans réclamer contre la délibération prise, » consentent par le fait à la pétition?..... » (Pièce de 8 pages in-8°, de l'imprimerie Limet et Poncillon. — Bibliothèque de Clermont, Section Auvergne, n° 2411-27.)

(1) Voici la lettre adressée par le ministre Terrier de Montciel à M. de La Rochefoucault, président du Directoire de Paris :

« Paris, 16 juillet 1792. — Vous vous rappelez, sans doute, Monsieur, que vous » m'avez envoyé une lettre du département du Puy-de-Dôme qui annonce qu'un nommé » Barbat arrive à Paris avec ses deux fils dans les plus mauvaises intentions. Hé bien! » je viens d'apprendre par des gens qui l'ont vu que cet homme est actuellement à » Paris. Je vous invite à employer tous les moyens que vous avez dans les mains pour » le faire surveiller, et prévenir, s'il est possible, ses mauvais desseins. — TERRIER. »

Il est à croire que les fils Barbat ne suivirent pas leur père à Paris. C'est à peu près vers cette époque, en effet, qu'ils s'enrôlèrent dans le second bataillon des volontaires du Puy-de-Dôme, où ils furent nommés officiers.

Barbat du Clozel se fit le guide et le directeur du groupe des fédérés du Puy-de-Dôme (1). Sous sa conduite, ils rendirent visite aux principaux députés patriotes, Maignet, Romme, Soubrany. Ils n'eurent garde surtout d'oublier Couthon, qui semblait, à ce moment, jouir de la plus grande faveur auprès de la majorité de ses collègues. Ils assistèrent aux séances de l'assemblée et à celles du club des jacobins. Le 14 juillet enfin, ils figurèrent à la fête de la Fédération. Ils virent poser solennellement la première pierre de la colonne qui devait être élevée sur l'emplacement de la Bastille, et le soir ils déposèrent leur bannière entre les mains de Couthon (2).

Barbat du Clozel ne perdait cependant pas de vue le but principal de son voyage. Assidu aux réunions des jacobins, il fut choisi pour être un des membres de ce *Comité central des fédérés* (3) qui se donna pour mission de hâter la

(1) Le département du Puy-de-Dôme devait fournir 405 de ces volontaires fédérés destinés au camp de vingt mille hommes. Mais le nombre de ceux qui se présentèrent atteignit tout au plus cent. (Voir : *Les Bataillons de Volontaires*, par F. Mège.) — Dans une de ses lettres, Couthon déplore *le peu d'activité* déployé par le département du Puy-de-Dôme pour exécuter le décret sur la Fédération.

(2) « ..... Je me retirai sur les huit heures (de la fête de la Fédération), et, de » retour chez moi, les braves fédérés de notre département s'y présentèrent, et voulurent » absolument me faire l'honneur de déposer entre mes mains leur bannière. » (Lettre de Couthon du 17 juillet. — *Correspondance de Georges Couthon*, publiée par F. Mège.)

(3) Plus tard, étant emprisonné, comme on le verra plus loin, il faisait valoir ce choix comme preuve de son patriotisme.

« Vous ne perdrez pas de vue », écrivait-il, le 14 pluviôse an II, aux membres du Comité de surveillance de Clermont, « vous ne perdrez pas de vue ma pétition du » 25 juillet 1792, où je demandais la suspension du pouvoir exécutif et la permanence » des sections, permanence qui, décrétée sur ma motion, a sauvé l'empire ; et vous » observerez que cette pétition était telle que si elle n'avait pas eu un plein succès, j'au- » rais porté ma tête sur un échafaud. — Vous jetterez aussi les yeux sur mon certi- » ficat du Comité des fédérés dont les efforts constants ont seuls renversé le trône. » Vous vous rappellerez que j'étais de ce Comité, et vous jugerez encore plus sûre- » ment des dangers que j'ai courus, des sacrifices que j'ai faits. — Vous vous rap- » pellerez qu'une municipalité gangrenée dénonça au Comité de constitution la lettre » énergique que, comme membre du Comité des fédérés, j'écrivais alors à mes conci- » toyens, lettre où je mandais que nous péririons tous ou que nous ferions destituer

déchéance du roi, et qui, dans les derniers jours de juillet, forma un *Directoire secret* de quinze membres, chargés plus spécialement d'organiser l'insurrection prochaine. Du Clozel prit part à la discussion de toutes les motions qui furent proposées dans ce comité central. Il se montra opposé à l'idée d'une insurrection partielle, qu'il regardait comme impolitique et dangereuse. Pour éviter de trop grands risques et augmenter les chances de succès, il aurait voulu que l'assemblée nationale fût entraînée à prendre définitivement parti contre le roi par un ensemble imposant de démarches combinées se produisant de toutes parts. Il insistait toujours et surtout sur la nécessité de convoquer les sections primaires. C'était, selon lui, le seul moyen d'en finir promptement avec le pouvoir exécutif.

Il aurait désiré obtenir son entrée à l'assemblée dès les premiers jours de son arrivée. Maignet, Romme, Soubrany et Couthon l'en dissuadèrent. Il valait mieux, lui dirent-ils, laisser les fédérés paraître les premiers à la barre. Barbat reconnut lui-même qu'à ce moment la question n'était pas encore assez mûre, que les députés de la

» Lafayette et décheoir le tyran du trône. Le brave Olphan, qui s'opposa alors à cette » dénonciation, vous attestera le fait...... »

« Si je ne craignais pas d'abuser de vos moments », écrivait-il encore au même Comité le 4 thermidor an II, « je vous prierais de jeter les yeux sur les dangers aux- » quels je me suis exposé pour ma patrie et surtout pour l'institution d'une république. » J'ose dire que vous trouveriez ces preuves : 1° Dans mon discours à la société des » Jacobins de Paris lors du massacre du Champ-de-Mars ; 2° dans mes pétitions à » l'Assemblée nationale, à laquelle je dénonçais les nobles et le roi même sur son » trône ; 3° dans mon certificat du Comité des fédérés du 10 août 1792 ; 4° dans ma » lettre à mes concitoyens où, à cette époque, je les invitais à périr avec moi ou à » détruire la tyrannie ; 5° dans mon Eloge enfin de Pelletier, où j'ai combattu les roya- » listes, les feuillants et les brissotins avec une telle force que je ne pouvais attendre » que des persécutions de leur part..... » (Archives départem. du Puy-de-Dôme, Fonds du District de Clermont. Comité révolutionnaire, liasse 2.)

Sur le Comité des fédérés et le Directoire secret qui prépara l'insurrection du 10 août, on peut consulter : Mortimer Ternaux, *Histoire de la Terreur*, tome 2 ; — Taine, *La Révolution*, tome 2 ; — Pollio et Marcel, *Le Bataillon du dix août* ; — Aulard, article sur le *Dix août* dans la *Grande Encyclopédie*, etc.

droite ne le laisseraient pas parler, et que l'heure ne serait vraiment propice que lorsque, lassée par la répétition des mêmes manifestations, par le défilé quotidien de bandes de pétitionnaires, l'assemblée en serait venue à une docilité relative.

Enfin, le 25 juillet, à la séance du soir, il fut admis à l'assemblée ; et là, *au nom d'un très-grand nombre de citoyens de presque toutes les villes du département du Puy-de-Dôme formant à peu près dix mille signatures* (1), il donna lecture de sa pétition. Au texte primitif arrêté à Clermont, il avait, de sa propre initiative, ajouté un paragraphe final (2) où, faisant chorus avec les orateurs des Jacobins, il dénonçait, comme aspirant à la tyrannie, les membres de deux administrations départementales. Ceux de Paris étaient coupables, entre autres crimes, d'avoir laissé circuler une pétition contre l'établissement du camp de vingt mille hommes. Ceux du Directoire de la Somme avaient osé envoyer une députation chargée de féliciter le roi de sa résistance à l'attroupement du 20 juin, et lui avaient offert, pour veiller à sa sûreté, des détachements de gardes nationaux.

La pétition fut tout d'abord renvoyée à la commission extraordinaire. Mais un député, Thuriot, en ayant fait l'objet d'une motion, elle fut convertie, séance tenante et sans discussion, en un décret ainsi conçu :

« L'Assemblée nationale, considérant qu'au moment » où la patrie est en danger, et où des mouvements d'agi- » tation se font sentir à chaque instant dans la capitale, » il importe que les citoyens veillent tous pour assurer » l'exécution des lois et le maintien de l'ordre public, » décrète qu'il y a urgence ; et, après avoir décrété l'ur- » gence, décrète que les assemblées des sections de Paris

(1) *Moniteur universel* (réimpression), tome XIII, page 248.

(2) Voir, à l'appendice, le texte complet de la pétition, ainsi que la lettre adressée par Barbat le 26 juillet.

» se tiendront et seront permanentes jusqu'à ce qu'il en » ait été autrement ordonné (1). »

Barbat du Clozel avait été, suivant l'usage, invité aux honneurs de la séance. Une plus grande satisfaction l'attendait à sa sortie. Enthousiasmés du résultat inespéré que venait d'obtenir la démarche patriotique du pétitionnaire auvergnat, les spectateurs descendus des tribunes lui firent une véritable ovation, le félicitant, l'acclamant, lui donnant de chaudes accolades. « Il n'est point, écri- » vait-il le lendemain, il n'est point d'accueil, il n'est » point de remerciements que je n'aie reçus des citoyens » de Paris présents à l'assemblée. C'était à qui me sau- » terait au cou, et chacun s'écriait *que la ville de Cler-* » *mont avait sauvé la chose publique.* »

Couthon ne put jouir du succès de son compatriote. Il était parti le 21 juillet pour aller subir un traitement aux Boues de Saint-Amand. A l'occasion de ce départ, Barbat, qui n'était pas fâché de prolonger son séjour à Paris pour participer au dénouement de la crise, Barbat mande à ses amis de Clermont qu'il se ferait un devoir d'écrire à tous les courriers, *afin*, disait-il, *que mes concitoyens s'aperçoivent moins, s'il est possible, de l'absence du brave Couthon que jamais on ne remplacera.* Mais, s'il ouvrit une correspondance pour suppléer à celle du député absent, ce fut de son propre mouvement. Dans la lettre où il annonce son départ, Couthon dit qu'il a confié le soin de le remplacer à son collègue Romme et à Bancal des Issarts. Barbat du Clozel n'est

(1) *Procès-verbal de l'Assemblée nationale.* L'auteur de la pétition y est désigné sous le nom de Barbet du Closel.

Il est à remarquer que le décret ne donne pas pleine satisfaction à la pétition. La permanence était accordée aux sections de Paris seulement.

Le décret fut mis à exécution par un simple avis inséré au *Moniteur* du 6 août, ainsi conçu : « En exécution de la loi du 25 juillet dernier, consignée le 31 sur les » registres du département, et le 3 août présent mois sur ceux de la municipalité, les » assemblées des 48 sections sont permanentes. — *Signé :* PÉTION, *maire ;* BOYER, » *secrétaire-greffier.* »

pas nommé. Quoi qu'il en soit, il est fâcheux que toutes les lettres écrites par lui à ce moment n'aient pas été conservées (1). Outre les détails particuliers qu'elles pouvaient contenir sur le 10 août, elles auraient fait connaître plus catégoriquement dans quelle mesure leur auteur participa aux événements de cette mémorable journée.

Le zèle de Barbat du Clozel était infatigable. Rentré à Clermont après les événements dont nous venons de parler, il continua, sans jamais se lasser, de consacrer son temps et ses pensées à la cause de la révolution.

A la société populaire comme au Conseil général de la commune de Clermont, dont il faisait partie depuis plusieurs mois déjà, il ne cessa de soutenir les mesures décrétées par la Convention. Il se montra toujours au premier rang des patriotes insatiables de réformes et plus soucieux de politique que d'affaires communales. Il ne trouvait jamais qu'on allât trop loin et donnait son approbation à toutes les mesures adoptées dans les clubs de Paris, si violentes fussent-elles. Et lui qui, naguère, avait célébré Louis XVI, qui avait fait ressortir les intentions libérales et paternelles dont le roi était animé, il en vint à applaudir à la condamnation et au supplice de ce malheureux prince. Il fut même un des rares signataires d'une adresse de félicitations envoyée de Clermont à la Convention nationale pour la complimenter à ce sujet (2).

Aussi, quand, quelques jours après le 21 janvier, la municipalité de Clermont voulut, à l'imitation des Parisiens, célébrer une fête en l'honneur du député Lepelletier, tué, comme on sait, pour avoir voté la mort du roi, c'est Barbat que l'on chargea de l'éloge funèbre.

(1) Nous donnons à l'appendice les trois seules que nous ayons pu découvrir.

(2) *Dulaure, par Marcellin Boudet*, chapitre VI.

Le fête civique eut lieu le 2 février 1793. L'éloge fut prononcé, aussi déclamatoire et aussi violent que pouvaient le souhaiter les plus fougueux clubistes. Dans une suite de tirades dithyrambiques, l'orateur se livre aux palinodies les moins déguisées. Lui qui, en avril 1791, avait exalté les mérites de Mirabeau, qui le divinisait alors, pour ainsi dire, il n'a pas maintenant assez d'expressions pour le ravaler. Il le range au nombre *de ces prétendus libérateurs qui n'avaient coopéré à la révolution que pour venger leurs propres querelles, que pour s'ériger en maîtres de nos destinées et substituer au gouvernement qu'ils détruisaient leur propre despotisme.* Et ailleurs, prenant directement à partie le monarque qu'il avait glorifié jadis : « Apprends-leur, disait-il en apostrophant l'om-
» bre de Lepelletier, apprends aux mânes de Montaigne,
» de d'Assas, d'Helvétius, de Rousseau, que cette si
» longue dynastie de rois, qui n'était qu'une succession
» de brigands, a trouvé sur l'échafaud le terme de ses
» forfaits..... Annonce à ces braves Français que, non
» loin du lieu où cet infâme Charles IX, cet assassin de
» ses sujets, foulait encore aux pieds leurs cadavres pal-
» pitants, non loin de ce même lieu, un autre tyran, son
» successeur, est enfin tombé sous le glaive de la loi.... »
Et, plus loin, faisant allusion à l'entourage de Louis XVI :
« O Louis !... disait-il, où sont donc tous ces courtisans
» dont la lâche adulation abusait ton orgueil ? Ces viles
» exhalaisons de la terre que le soleil de ta faveur avait
» transformées en nuages resplendissants, ont avec toi
» disparu. Tels, sous les coups redoublés de la cognée qui
» abat le cèdre altier, tombent tous les vers rampants
» qui dévoraient ses feuilles... (1). »

(1) Cette harangue funèbre répondait trop bien aux idées du parti dominant pour rester inaperçue. Par délibération du 6 février 1793, le Conseil général de la commune de Clermont arrêta, que le discours prononcé le 2 février *à l'occasion de la fête décernée à Michel Lepelletier*, serait imprimé à sept cents exemplaires aux frais de la commune. Il parut donc avec le titre suivant : *Discours prononcé par le citoyen*

IV

Louis XVI mort, et la royauté disparue, il sembla à Du Clozel qu'une heure d'apaisement allait s'ouvrir et que le moment était venu d'édifier sur des bases solides le gouvernement républicain. Il n'était plus besoin désormais d'avoir recours aux pratiques révolutionnaires employées contre la monarchie. A quoi bon les pétitionnements, les interpellations des tribunes et toutes ces manifestations populaires destinées à peser sur les décisions des représentants! De telles manœuvres n'étaient pas seulement sans objet maintenant; elles devenaient un crime lorsqu'elles s'exerçaient à l'encontre d'une assemblée dévouée à la Révolution et à la République. Aussi fut-il profondément irrité par les événements du 31 mai, accomplis à l'instigation de la populace. Les victimes de cette journée, les Girondins, avaient d'ailleurs toutes ses sympathies; et il se montra tout disposé à approuver les protestations qui se produisirent en leur faveur dans un grand nombre de départements.

Il était à ce moment en mission dans la Nièvre où il faisait des acquisitions de blé pour le compte du département du Puy-de-Dôme. Dès que la nouvelle lui parvint, il ne chercha pas à cacher son profond mécontentement, témoignant à qui voulait l'entendre, et jusqu'au milieu de

Barbat père, membre du Conseil général de la commune de Clermont-Ferrand, pour la fête civique décernée à la mémoire de Lepelletier par le Conseil général de cette ville. Clermont, Limet, 11 pages in-4°.

Barbat ne fut pas le seul à prendre la parole à cette fête. L'ancien avocat général à la Cour des Aides, Dijon, voulut aussi se faire entendre; et, au nom de la *Société des amis de l'égalité et de la République*, il prononça un discours dans lequel il déversa à son tour l'anathème sur la mémoire du roi dont il avait été le serviteur. Ce discours a été imprimé sous le titre de : *Discours prononcé, au nom de la Société des amis de l'égalité et de la République, à la fête civique et funèbre qui a eu lieu en l'honneur de Michel Lepelletier, le 2 février, l'an II de la République française, par le citoyen A. Dijon, membre de ladite Société.* Clermont, Limet, 7 pages in-4°.

la société populaire de Nevers, combien il improuvait la conduite du peuple de Paris et des députés de la Montagne. Dans plusieurs lettres qu'il écrivit à ses collègues de la municipalité de Clermont, il tenait le même langage et donnait ouvertement son approbation aux essais d'organisation qui étaient tentés en vue d'une résistance. « ..... Six députés, disait-il dans une lettre du 9 juin, » six députés des communes des environs de Lyon ont » passé ce matin à neuf heures. Ils doivent se trouver à » Paris avec autres trente-deux députés et notamment » ceux de l'Indre, pour adhérer à tout ce qu'a fait la ville » de Lyon et réclamer contre l'insurrection de la ville de » Paris. Ils nous ont dit avoir envoyé à Bordeaux des » députés qui doivent avoir passé à Clermont avec mis- » sion publique et secrète. Dans de pareilles circons- » tances, vous faites très-bien de vous approvisionner de » blé et de conserver votre force armée. »

Ces lettres et les propos qu'il avait tenus le rendirent suspect aux amis de la Montagne. Dénoncé le 25 juin au Conseil général de la commune de Clermont par des membres de la société populaire de Nevers, il ne fut cependant pas inquiété immédiatement. Ses collègues du Conseil général partageant presque tous ses sentiments, n'eurent garde de donner suite à la dénonciation. Mais l'incident ne fut pas oublié et Barbat du Clozel resta dès lors classé parmi les patriotes douteux sur lesquels les Jacobins devaient avoir constamment les yeux ouverts.

Il ne devait pas tarder à éprouver les effets de cette sorte de mise à l'index. Le 21 octobre 1793, il fut arrêté comme fédéraliste et enfermé dans les bâtiments du Petit-Séminaire qui servaient alors de maison de réclusion.

Irrité de se voir traité en ennemi de la Révolution, lui qui, depuis 1789, n'avait cessé de manifester les sentiments les plus patriotiques, persuadé aussi que la qualité de membre du Conseil général de la commune rendait sa personne inviolable, et que, par suite, son arrestation était illégale (1), il chercha dès le premier jour à quitter sa prison pour aller en personne soumettre l'affaire au comité de sûreté générale.

Comme on n'était qu'au début de la période des arrestations, les bâtiments destinés à servir de maisons de réclusion n'étaient pas encore aménagés pour leur nouvel usage. Du Clozel parvint à s'évader sans beaucoup de peine, dans la nuit du 12 novembre (22 brumaire an II) (2), et se dirigea aussitôt vers Paris, avec le dessein de rejoindre Couthon qui venait de partir, et l'espoir de l'intéresser à sa cause.

Mais, dans les temps troublés, le peuple est inquiet, ombrageux, et voit des ennemis partout; et il n'est pas facile de voyager inaperçu. Malgré toutes les précautions dont il s'entoura, Du Clozel ne put se dérober aux investigations. En beaucoup d'endroits, on se contenta de ses réponses. Mais, à la Charité-sur-Loire, où il arriva le 2 nivôse, on se montra plus méfiant. L'interrogatoire qu'on lui fit subir ayant fait naître des soupçons, on l'arrêta; et, quelques jours après, il fut transféré à Clermont. Cette fois, le comité de surveillance le fit incarcérer à la maison d'arrêt.

Du Clozel n'était pas d'un caractère à se résigner doci-

(1) Il le dit formellement dans une des pétitions qu'il adressa plus tard au comité de surveillance : « ... Si les comités de surveillance avaient le droit de faire arrêter » ceux qui composent les autorités constituées, ils pourraient paralyser ces autorités, » les influencer et les frapper d'une véritable léthargie. — Je croyais que ceux qui ne » pouvaient pas destituer de droit, ne pouvaient pas destituer de fait et que celui qui » ne peut pas nommer à une place, ne peut pas la rendre vacante. — Convaincu » par ces réflexions et averti que Couthon allait à Paris, je me décidai à l'y suivre » et à me rendre au comité de sûreté générale pour y demander la nullité de mon » arrestation..... Je n'étais donc pas un fuyard, etc. (*Pétition du 22 nivôse.* » — *Archives départementales, fonds du district de Clermont. Police. Comité révolutionnaire.*)

(2) La prison était assez mal gardée, s'il faut s'en rapporter au procès-verbal dressé par Verdier-Latour et Pierre Boyer, officiers municipaux; et Du Clozel était sorti sans escalade ni effraction. (*Archives départementales, fonds du district de Clermont. Domaines, liasses* 130 *et* 132.)

lement. Tant que dura sa détention, il ne cessa de harceler le comité par des mémoires, par des pétitions et des plaidoyers où il discutait pied à pied toutes les circonstances de sa cause, demandant tantôt la levée des scellés apposés sur son mobilier, tantôt sa mise en réclusion chez lui, tantôt enfin son élargissement définitif. Enfin, le 3 brumaire an III (24 octobre 1794), sur un avis favorable du comité de surveillance (1), un arrêté du représentant Musset lui rendit la liberté.

L'évasion de Du Clozel n'avait pas abouti comme il l'espérait. Arrêté en chemin, il n'avait pas eu la possibilité d'arriver jusqu'au comité de sûreté générale pour y présenter sa justification. Elle eut cependant un résultat tout à fait imprévu. Elle lui sauva la vie, vraisemblablement, ou, tout au moins, le préserva de cruelles angoisses. Le 21 novembre 1793 (1er frimaire an II), pendant qu'il se dirigeait sur Paris, un délégué de la Commission temporaire de surveillance de Lyon arriva à Clermont avec mission de faire arrêter et traduire devant le tribunal révolutionnaire du Rhône tous les citoyens du Puy-de-Dôme accusés de fédéralisme et, nommément, les sieurs Barre, Dijon, Dalbiat et *Barbat père*, qu'on regardait comme les chefs du parti girondin à Clermont.

(1) Le comité de surveillance de Clermont dépeignait Du Clozel en ces termes : « Caractère inconséquent, mauvaise tête, intrigant, patriote depuis le commencement » de la révolution. Jusqu'au 31 mai, il s'est fortement prononcé en faveur de la Révo- » lution aux époques désignées (mai, juillet et octobre 1789, — 10 août 1792, — » 21 janvier 1793, — 31 mai 1793), et notamment le 10 août, à Paris, où il était » membre du Comité secret des fédérés. » — Puis il motivait ainsi l'avis de mise en liberté :

« Le Comité, considérant que Barbat s'est fortement prononcé en faveur de la Ré- » volution jusqu'au 31 mai ; que les propos de fédéralisme qu'on lui reproche sont » plutôt le fruit de sa mauvaise tête que de mauvais desseins ; qu'une détention d'en- » viron un an a suffisamment expié cette faute ; qu'enfin il a deux fils aux frontières ; » — est d'avis que la liberté lui soit rendue. — Et ont signé : *Boutarel*, — *Per- » draux*, — *Baudonnat*, — *Denepoux*, — *Desessement*, — *Chaufour*, — *Bonhomme*, » — *Olphan*, — *Chirol*, — *Dubois*, — *Verdier-Latour*, — *Maymat*, — *Desbouis*. » (*Archives départementales*, *fonds du district de Clermont. Police*. Cote 2.)

Les trois premiers furent immédiatement conduits à Lyon. L'un d'eux, Dijon de Saint-Mayard, ancien avocat général à la Cour des Aides, porta sa tête sur l'échafaud, le 1er nivôse an II (21 décembre 1793) (1). Quant aux autres, ils n'échappèrent au supplice que grâce à des circonstances spéciales ou à de puissantes interventions. Qui sait ce qui serait advenu de Barbat du Clozel s'il avait été présent?

V

L'arrestation dont il fut l'objet à la fin d'octobre 1793, avait été pour Du Clozel un coup tout à fait inattendu. A ce moment, en effet, il devait se croire complètement à l'abri de toute mésaventure. De par un arrêté du tout-puissant Couthon, il exerçait depuis quelque temps les fonctions de bibliothécaire.

Jusqu'en 1789, la ville de Clermont n'avait jamais possédé de bibliothèque publique. La bibliothèque du chapitre cathédral, que dirigeait le chanoine Cortigier, était, à vrai dire, depuis Massillon, accessible deux fois par semaine aux rares travailleurs de la ville. Mais ce n'était pas, à proprement parler, un établissement public. A partir de 1790, les événements politiques avaient même amené sa fermeture.

Depuis cette époque, les autorités qui se succédèrent, soit au département, soit au district ou à la municipalité de Clermont, s'occupèrent à diverses reprises, mais sans résultat utile, de la formation d'une bibliothèque.

Au mois de janvier 1791, probablement à l'instigation de Du Clozel, les Amis de la Constitution, séant aux Carmes, provoquèrent un arrêté du département

(1) *Le Puy-de-Dôme en 1793 et le Proconsulat de Couthon*, par F. Mège, page 267, à la note.

pour faire surveiller de près la bibliothèque du chapitre (1).

Le 15 décembre suivant, les administrateurs du département autorisèrent le district de Clermont à retirer du greffe du tribunal pour les joindre à ceux de la bibliothèque destinée à devenir publique tous les ouvrages des jésuites qui y avaient été déposés à la suite de la suppression de l'ordre en 1762, et tous les livres et manuscrits ayant appartenu à la société d'agriculture et à la société littéraire (2).

(1) *Extrait du registre des délibérations du Directoire du département du Puy-de-Dôme.* — « Séance du 25 janvier 1791. — On a annoncé une députation de » la Société des amis de la Constitution, séante aux Carmes de cette ville, laquelle, » après avoir pris place parmi les membres du Directoire, a exposé : qu'elle était ins- » truite qu'il se faisait des dilapidations dans les maisons du Grand et Petit Sémi- » naire, qu'on y faisait enlever des meubles et effets appartenant à ces maisons et » même ceux des églises et chapelles ; que les mêmes spoliations se commettaient dans » la maison de campagne de Saint-Robert appartenant au Petit Séminaire ; et qu'elle » venait les dénoncer au département pour qu'il avisât dans sa sagesse aux moyens de » les empêcher et de faire restituer ce qui peut avoir été mal à propos enlevé.

» Cette même députation a de plus observé, que la bibliothèque de la cathédrale « de Clermont ainsi que les archives étaient à la merci des ci-devant chanoines ; » qu'il s'y commettait beaucoup de soustractions et que même on avait mis entre les » mains des revendeuses plusieurs ouvrages.

» Sur quoi, ouï le procureur général syndic,

» Le Directoire, considérant de quelle importance il était d'arrêter toutes ces dila- » pidations, et combien il est de l'intérêt de la nation de prendre des renseignements » exacts et certains sur les différents faits, pour que les auteurs soient poursuivis et » punis suivant la rigueur des lois ;

» A délégué la municipalité de Clermont, à l'effet par elle de se transporter par » commissaires, dans toutes les maisons du Grand et Petit Séminaire, et dans la bi- » bliothèque et archives de la Cathédrale, à l'effet de se faire représenter les re- » gistres et inventaires desdit effets, livres et titres, du tout dresser procès-ver- » bal, retirer les inventaires et catalogues, les déposer aux archives du district de » Clermont, et de suite poser les scellés sur lesdites bibliothèques et chartriers, y » établir un gardien auxdits scellés, prendre toutes les informations sur les sous- » tractions et enlèvements qui peuvent avoir été faits dans lesdites bibliothèques et » chartriers ainsi que dans les maisons desdits séminaires, et faire tout ce que sa » prudence et sa sagesse lui dicteront, donner de tout avis au Directoire du départe- » ment pour par lui être avisé. ... » *(Archives départementales. — Fonds de l'Administration centrale.)*

(2) Voir : *L'Académie des sciences, belles-lettres et arts de Clermont*, par F. Mège, page 23. — On trouvera également dans ce volume quelques renseignements sur le chanoine Cortigier et une note inédite concernant la bibliothèque du chapitre.

Au cours des années 1791 et 1792, des lois et instructions furent fréquemment adressées aux diverses administrations, soit par l'Assemblée nationale, soit par ses Comités (1). Il s'agissait de faire inventorier et classer les ouvrages de toute nature provenant des maisons religieuses. Lois et instructions restèrent à l'état de lettre morte. Le temps n'était pas favorable à l'étude et à ce qui s'y rattachait.

Au mois d'octobre 1792, le représentant Romme, de passage à Clermont, appela l'attention des administrateurs du district sur la nécessité de rechercher dans les différents bâtiments nationaux tous les livres pouvant servir à l'enseignement public et d'en former une bibliothèque, après en avoir préalablement dressé un catalogue régulier. Le district invita la société populaire à se charger de l'opération. La société fit une réponse *où respirait le patriotisme*. Mais son zèle n'alla pas plus loin.

En février 1793, la municipalité de Clermont ayant, de concert avec les administrateurs du département et du district, créé, sous le nom d'*Institut national*, une sorte d'école secondaire, il fut décidé qu'une bibliothèque serait annexée au nouvel établissement (2). Cette bibliothèque devait être composée à l'aide de livres provenant soit de l'ancienne bibliothèque du chapitre, soit des bibliothèques des communautés et couvents supprimés, soit enfin de livres saisis dans les maisons des émigrés.

(1) La principale de ces instructions fut adressée le 15 décembre 1790 par le Comité des affaires ecclésiastiques et porte la signature de La Rochefoucault, Dom Gerle, Dionis du Séjour, etc. Elle est intitulée ainsi : *Instruction concernant la conservation des manuscrits, chartes, sceaux, livres imprimés, monuments de l'antiquité et du moyen-âge, statues, tableaux, dessins et autres objets relatifs aux beaux-arts, aux arts mécaniques, à l'histoire naturelle, aux mœurs et usages des différents peuples, tant anciens que modernes, provenant du mobilier des maisons ecclésiastiques et faisant partie des biens nationaux.*

(2) Un arrêté de Couthon et Maignet, en date du 5 frimaire an II, confirma la fondation de cet institut (voir : *Formation et Organisation du département du Puy-de-Dôme*, par F. Mège. Paris, Aubry, 1874). — Le 16 juillet 1793, le Con-

Malheureusement, le plus grand désordre régnait dans cette partie de l'administration. Avec tous ces volumes de provenances diverses, il y avait assurément de quoi constituer une très-riche bibliothèque. Mais, parmi les administrateurs, bien peu avaient compris l'importance de ce genre de richesses; et, d'ailleurs, pour parler plus exactement, nul n'avait l'esprit assez dégagé des inquiétudes du moment pour se préoccuper d'une question dont l'utilité immédiate n'apparaissait pas. De sorte que les livres étaient à peu près à la merci du premier venu. Sans parler des imprimés et manuscrits qui avaient été détournés par leurs anciens possesseurs, d'autres, en assez grand nombre, étaient journellement enlevés ou détériorés par les employés du département ou de la municipalité, par ceux-là même qui auraient dû veiller à leur conservation (1). Entassés pêle-mêle et sans soin dans diverses salles, à la Cathédrale, au collège, dans l'ancien couvent des Augustins et dans d'autres bâtiments nationaux, ils avaient en outre à subir les dégâts causés par l'humidité, par les rats, etc. (2). Une fois même, il se pro-

seil général de la commune « considérant que le chef-lieu du département doit réu- » nir tout ce qui est nécessaire à l'éducation de la jeunesse et que le plus sûr moyen » pour y parvenir est d'établir dans la maison de l'*Institut* une bibliothèque choi- » sie », avait chargé deux de ses membres, les citoyens Verdier Latour et Dalbiat, de s'entendre avec le district pour faire remettre les livres de la Cathédrale dans la bibliothèque du collège, laquelle, était-il dit, *n'est garnie que de très-peu de livres choisis.*

(1) Quelques collectionneurs sans scrupule (l'espèce en a existé de tout temps) ne se génèrent pas pour écrémer ou faire écrémer ces dépôts de livres si mal surveillés. Parmi les principaux ouvrages soustraits, nous citerons le *manuscrit des Mémoires de Fléchier sur les Grands-Jours d'Auvergne*, manuscrit qui a servi de base à la publication faite par M. Gonod en 1844. — Donné au département, le 29 juillet 1793, par le citoyen Ceytre ou Seytre Caumont (le même, probablement, qui était, en 1789, chargé d'affaires de France à Malte), ce manuscrit disparut au bout de quelque temps. Plus tard, à la vente des livres de M. Tiolier, ancien conseiller, mort le 26 novembre 1827, il fut acheté par M. Hugues Michel, avocat, qui le céda ensuite à la ville de Clermont. (Voir la note sur la *bibliothèque de Massillon*, que nous avons publiée dans l'*Intermédiaire des chercheurs*, année 1880.)

(2) Voici la description que faisait de ces ramas de livres le citoyen Gault, professeur de dessin, qui habitait alors Clermont: « ..... Figurez-vous un encombre-

duisit dans une des salles du collège un commencement d'incendie dont quelques livres furent les victimes (1). En somme, avec une pareille incurie, il est même étonnant que tous n'aient pas été anéantis.

Le personnage désigné, lors de la création de l'Institut, pour mettre un peu d'ordre dans ce chaos et pour en tirer une bibliothèque d'ouvrages immédiatement utiles, s'acquitta assez mal de sa tâche, ou pour mieux dire, ne s'en occupa point du tout (2). On ne peut toutefois lui en faire un reproche; car il était employé à d'autres missions qui lui prenaient à peu près tout son temps.

A son arrivée en Auvergne, Couthon le destitua et le remplaça par Barbat du Clozel dont l'instruction était connue.

Le nouveau bibliothécaire avait mission de puiser dans les différents dépôts de livres disséminés dans la ville et de composer à son gré une bibliothèque destinée principalement aux professeurs de l'Institut.

Du Clozel se mit à l'œuvre immédiatement, et il avait déjà réuni dans une des salles du collège bon nombre d'ouvrages de choix, lorsque son incarcération vint couper court aux opérations commencées. Quelque temps après, vers le milieu de frimaire an II (décembre 1793), on nommait à sa place un petit libraire d'opinion fort avancée, appelé Ribeyroux.

» ment de livres, de brochures, de cartons, les restes d'un pillage, encore flétris par » l'insalubrité d'un rez-de-chaussée sans air, humectés par l'introduction des eaux » pluviales, des piles d'in-quarto, d'in-folio, enveloppées de moisissures et pourries à » la base... » (*Lettres de Gault de Saint-Germain*, conservées à la bibliothèque de Clermont.)

(1) *Archives départementales*. — M. Gonod, dans sa préface du catalogue de la bibliothèque de Clermont, parle d'un autodafé de livres qui aurait eu lieu sur la place de Jaude, à Clermont. C'est possible; mais nous n'avons trouvé aucun document confirmant le fait.

(2) Ce premier bibliothécaire était, croyons-nous, un sieur Desessement, que Couthon attacha ensuite comme commissaire aux bataillons de la levée en masse dirigée contre Lyon.

Ribeyroux, dont le titre principal était d'avoir été le porteur de l'infirme Couthon, conserva le poste de bibliothécaire pendant dix mois, sans faire, pour ainsi dire, aucune fonction. Le 6 brumaire an III (27 octobre 1794), un arrêté du représentant Musset réintégra Du Clozel dans ses anciennes attributions.

Quelques jours après, le 16 brumaire, paraissait un arrêté du district, qui prescrivait de procéder immédiatement et *sans interruption* à l'inventaire ou catalogue de tous les livres provenant tant des maisons religieuses que de celles des émigrés et prêtres déportés, et adjoignait au bibliothécaire deux employés chargés de coopérer au triage. Soit que la détention eût altéré sa santé et diminué son zèle, soit que n'ayant jamais eu le moindre esprit d'ordre, il fut impropre à toute opération de classement ou rangement, Du Clozel ne fit rien de ce qui lui était prescrit et s'occupa d'autres objets.

Ce sans-gêne extraordinaire pouvait d'autant moins être toléré, que le gouvernement insistait à ce moment auprès des administrations départementales pour l'exécution de la loi du 8 pluviôse an II relative à l'organisation de bibliothèques publiques dans les principales villes.

Pour ménager sans doute la susceptibilité de Barbat du Clozel, on ne le révoqua pas. Mais, par un arrêté du 8 nivôse an III (28 décembre 1794), le représentant en mission dans le Puy-de-Dôme, Musset, *suspendit,* jusqu'à nouvel ordre, *l'exercice de la place de bibliothécaire*, et désigna deux citoyens qu'il chargea spécialement de rassembler dans trois pièces dépendant de la Cathédrale tous les livres appartenant à la nation.

A partir de cette époque, Barbat du Clozel fit peu parler de lui. Il continua pendant quelques années de résider à Clermont, suivant les événements en curieux plutôt qu'en acteur, mais sans toutefois se désintéresser entièrement de la politique. Ce qui surtout attirait son attention, c'était le flux et le reflux des opinions pendant les périodes électorales.

Les élections de l'an V ayant introduit dans les diverses fonctions dérivant du suffrage nombre de gens favorables au parti royaliste, le Directoire voulut réagir contre cette intrusion qu'il jugeait, non sans raison, menaçante pour lui. Sans se soucier de la légalité, il se débarrassa par la force de ses adversaires dans la journée du 18 fructidor (4 septembre 1797), ce qui rendit la prépondérance aux républicains. Mais, au bout de quelque temps, cette prépondérance paraissant devoir passer aux exaltés, aux ci-devant Jacobins, il fallut parer à ce nouveau danger. Il fallut aviser aux moyens de se maintenir entre l'un et l'autre extrême, entre le montagnard et le royaliste. Le Directoire alors chercha à influencer les électeurs de l'an VI, pour les amener à ne choisir pour juges, pour administrateurs et pour députés, que des gens dévoués à la République, mais connus par leur modération, mais opposés à toutes mesures révolutionnaires. Il fit, dans ce but, répandre dans tous les départements plusieurs proclamations et instructions appropriées.

Dans certains départements, des républicains de la première heure, réduits au silence par le despotisme terroriste, crurent le moment propice pour reparaître sur la scène, les uns avec l'intention de poser leur candidature personnelle, d'autres dans le but de soutenir celle de leurs amis. A Clermont, d'Albiat, Claude-Alexis Mabru et Barbat du Clozel, entre autres, se décidèrent à affronter les assemblées primaires, dont la réunion devait avoir lieu le 1er germinal (21 mars 1798). Mais, comme ils avaient eu à souffrir du régime de la Terreur, et que cette circonstance pouvait les faire soupçonner de sentiments hostiles à la République, comme d'ailleurs une loi du 9 frimaire an VI assimilait les nobles et anoblis aux étrangers en matière électorale, à moins qu'il ne fût établi qu'ils avaient contribué à la conquête ou à la défense de la liberté, comme tous trois appartenaient à cette classe de ci-devant privilégiés, ils voulurent, avant l'ouverture des opérations électorales, établir nettement leur situation et faire taire toute espèce de soupçon. Pour cela, ils adressèrent chacun une pétition à l'administration municipale, en vue d'obtenir un certificat attestant formellement leur fidélité à la foi républicaine.

Le 29 ventôse an VI (19 mars 1798), après examen des motifs invoqués par Barbat du Clozel, l'administration municipale lui accorda une attestation conçue en ces termes :

« Vu les pétitions présentées par..... Gaspard-Claude » Barbat, tendantes à obtenir un certificat de l'administration qui atteste leur républicanisme, pour qu'ils » puissent exercer aux prochaines assemblées les droits » de citoyens français ;

» L'Administration municipale; ouï le commissaire du » Directoire exécutif;

» Considérant que la loi du 9 frimaire dernier, en assimilant les ci-devant nobles et anoblis aux étrangers, » pour l'exercice des droits de citoyen français, a cependant porté une exception en faveur de ceux qui auraient » contribué à conquérir la liberté, à fonder la République, à la défendre et à la servir dans les fonctions » civiles et militaires,

» Certifie que le citoyen Barbat a manifesté, dès le » commencement de la Révolution, le zèle d'un vrai » partisan des principes de la liberté et de l'égalité; qu'il » a concouru de tous ses moyens à en développer les premiers germes, et que son dévouement pour la chose publique lui a mérité, dès les premiers instants de la régénération française, la confiance du peuple pour le » représenter dans diverses Commissions qui toutes tendaient au maintien de ses droits; qu'il a aussi rempli » des fonctions publiques où il a également contri-

» bué à l'établissement du gouvernement républi-
» cain (1). »

Grâce à ce certificat, Du Clozel eut la satisfaction d'exercer son droit électoral. Mais ce fut tout, probablement, et rien n'indique qu'il ait alors sollicité les suffrages pour son propre compte.

Que devint-il ensuite? Il y a lieu de croire qu'il ne tarda pas à quitter Clermont pour se retirer auprès de son fils aîné (2).

De l'an IX à l'an XIII (1801-1805), on le trouve installé à Chadeleuf comme adjoint faisant fonctions de maire.

Là se bornent nos renseignements sur Barbat du Clozel. Quant au lieu et à la date de sa mort, il ne nous a pas été possible d'en avoir connaissance.

(1) Séance du 29 ventôse an VI. — (*Registre des délibérations municipales, volume 26.*)

(2) Le fils aîné de Barbat du Clozel, Etienne-Victor, né le 15 juin 1764, avait été destiné tout d'abord à l'état ecclésiastique et avait même porté la soutane. — Revenu de Paris avec son père à l'époque des élections des Etats-Généraux, il adopta avec enthousiasme les principes de la Révolution. Le 13 septembre 1789, il organisa la garde nationale de Chadeleuf et en fut élu commandant. Nommé plus tard professeur de rhétorique au collège de Billom, il fut un des plus zélés parmi les membres de la Société des amis de la Constitution de cette ville. C'est au nom de cette société que, le 14 juillet 1791, jour de la fête de la Fédération, il prononça un discours déclamatoire où il faisait l'éloge des lois nouvelles et invitait les citoyens à surveiller les ennemis de la Révolution ; c'est aussi en la même qualité qu'il avait, un mois auparavant, débité dans l'église du collège une *oraison funèbre de Mirabeau*, pleine de violences et de récriminations exaltées. Un an après, aussitôt qu'il fut informé de l'appel fait par le département pour la formation du second bataillon des volontaires, il abandonna sa classe et accourut à Clermont, avec son collègue Auzat, à la tête d'une bande de jeunes gens. Elu capitaine d'une compagnie le 13 août 1792, il se montra tout d'abord plus apte aux harangues qu'à la direction d'un corps armé. Toutefois, au contraire de plusieurs de ses camarades, il ne se laissa pas rebuter par le rude apprentissage de la guerre et se rendit digne de ses épaulettes. Il ne quitta le service qu'au bout de trois ans. Son congé, signé de Beurnonville et de Grouchy, est daté d'Utrecht, le 15 prairial an IV. (Voir : *les Bataillons de Volontaires du Puy-de-Dôme*, par F. Mège.)

De retour à Chadeleuf, Etienne-Victor Barbat du Clozel y acheta une étude de no-

Demeura-t-il fidèle aux sentiments qui lui étaient nés pendant la période révolutionnaire? Un dernier changement s'opéra-t-il dans sa conduite et dans sa façon de juger les choses et les hommes? Faute de documents, la réponse n'est guère facile. Une nouvelle palinodie, quoique admissible, nous étonnerait de sa part. Il n'y a aucune raison de suspecter la sincérité de son adhésion à la Révolution. Appartenant à la petite noblesse, à ce que l'on pourrait appeler le Tiers-Etat de la noblesse, il avait éprouvé les dépits et les colères, ressenti les aspirations et les désirs, et subi tous les enthousiasmes, toutes les surexcitations et toutes les défiances du véritable Tiers-Etat. Comme les membres du Tiers-Etat, il s'était enivré du succès de ses premières revendications; et, l'imagination aidant, l'ambition aussi peut-être, il avait fini par être pris dans l'engrenage et par se laisser entraîner bien au delà du but que ses prévisions primitives lui avaient permis d'entrevoir. Mais rien dans son caractère, rien dans la conduite qu'il avait tenue, n'autorise à supposer de sa part un retour en arrière ou une réelle capitulation.

taire; et, le 10 brumaire an VII (31 octobre 1798), il épousa une demoiselle du nom de Jeanne Mestas, dont il eut plusieurs enfants. Il est mort le 14 mars 1842. — Les discours qu'il avait prononcés en 1791 ont été imprimés. En voici les titres : *Oraison funèbre d'Honoré Riquetti-Mirabeau, prononcée dans l'église du collège de Billom, par Etienne-Victor Barbat du Clozel, fils aîné, professeur de rhétorique, le* 14 *juin* 1791 (Clermont, Delcros. 1791, 43 pages in-8°). — *Discours prononcé sur l'autel de la patrie, le* 14 *juillet, jour de la Fédération, au nom de la Société des amis de la Constitution de Billom, par Etienne-Victor Barbat du Clozel, fils aîné, professeur de rhétorique et membre de ladite Société* (8 pages in-8°).

Le second fils, Pierre Barbat du Clozel, né en 1769 ou 1770, ne fut pas moins ardent patriote que son père et son frère. Nommé professeur de quatrième au collège de Clermont, le 27 janvier 1791, il n'hésita pas à quitter cette situation pour s'enrôler, au mois de juillet suivant, dans le second bataillon des volontaires du Puy-de-Dôme. Comme son frère, il fut élu officier par ses camarades. Comme son frère aussi, après s'être montré au début plus clubiste que soldat, il ne tarda pas à se distinguer et à mériter son titre. Il parvint même au grade d'adjudant général, chef de brigade. Retiré en cette qualité à Issoire, il publia, le 28 prairial an VII (16 juin 1799), une violente diatribe contre le Directoire et ses agents, sous ce titre : *La Vérité au peuple* (16 pages in-8°, sans nom d'imprimeur).

APPENDICE. — PIÈCES JUSTIFICATIVES.

I

Pétition des citoyens du département du Puy-de-Dôme à la suite de laquelle l'Assemblée nationale a rendu le décret qui ordonne la permanence des sections (1).

« Messieurs,

» Avant la convocation des Etats-Généraux, la cour » était convaincue de dilapidation inouïe dans les finan- » ces, de violation sacrilège du sanctuaire de la justice » et d'atteinte sans cesse portée à la liberté et à la sûreté » des citoyens.

» Depuis cette époque, la cour a voulu ériger dans le » sein même de l'Assemblée nationale le siège de son » despotisme ; elle a forcé à main armée les représen- » tants du peuple de chercher un asile dans un Jeu de » paume, et vous savez que Paris et Versailles ne seraient » peut-être que de vastes cimetières sans la mâle intrépi- » dité de leurs braves habitants.

» Enfin, la cour qui n'avait cessé de conspirer avec tous » nos ennemis, de favoriser l'émigration insensible de » la famille de Bourbon, la cour, dis-je, par la fuite » de Louis XVI, voulait mettre le comble à tous nos » malheurs.

» La postérité pourra-t-elle se persuader que la nation » ne s'était vengée qu'en plaçant son roi sur le trône » qu'il avait lâchement abandonné ?

(1) « Cette pétition a été lue par Gaspard-Claude Barbat-Duclosel d'Arnéri, député » de la presque totalité des villes du Puy-de-Dôme. » (Note de l'imprimé.)

» Sans doute la cour n'aurait dû s'occuper que du » bonheur de ce peuple généreux, mais on ne respire » dans ce séjour infecté qu'un air pestilentiel ; ceux qui » sont une fois frappés de cette contagion sont et seront » à jamais incurables.

» Ainsi, la cour toujours imbue des principes du des- » potisme, toujours persuadée que les peuples, tels que » de vils troupeaux, sont le patrimoine de ces individus » qu'on appelle rois, la cour ne cessera d'être l'ennemie » de notre liberté, l'amie des brigands de Worms et de » Coblentz.

» Telle est donc notre situation, que le roi, qui par » notre constitution doit veiller à notre sûreté, est celui » dont les machinations, chaque jour répétées, chaque » jour menacent cette même sûreté.

» Ainsi le vaisseau de l'Etat, en proie aux plus grands » orages, se brisera nécessairement contre des écueils » inévitables, puisqu'il y est conduit par le nautonier » chargé spécialement de sa direction, puisque ce nauto- » nier vient de renvoyer les seuls pilotes qui pouvaient » s'opposer à ses coupables manœuvres.

» Dans cet état de crise et de détresse, continuerons- » nous de nous exposer par une résignation aveugle à » une submersion totale ?

» Nous demandons donc le rassemblement et la per- » manence des sections primaires ; et sans doute que le » même cri déjà manifesté à Paris se fera entendre dans » toutes les parties du royaume. Dès lors ce vœu sera » celui, non d'une partie, mais de la collection de toutes » les sections du royaume ; dès lors ce vœu sera la volonté » d'un peuple souverain.

» Tel est, Messieurs, l'objet de la pétition d'un très- » grand nombre de citoyens du département du Puy- » de-Dôme.

» Ces mêmes citoyens m'ont chargé de vous dénoncer » les administrateurs de la Somme et ceux de Paris ; tous

» ces hommes en un mot qui ont concouru à la révolution,
» moins pour détruire la tyrannie que pour succéder aux
» tyrans.

» Représentants, la voix du peuple n'est point dans les
» adresses isolées de quelques administrateurs perfides ;
» elle est dans l'opinion publique que le peuple lui-même
» a seul droit de prononcer.

» Il est temps que toute espèce d'illusion se dissipe ;
» connaissez vos véritables ennemis, ils montrent une
» telle modération que, dans le cas du retour à l'ancien
» régime, ils se maintiendraient sur ces sièges mêmes où
» l'intrigue les a placés.

» Vos ennemis sont surtout ces prétendus grands qui,
» accoutumés à se jouer des serments les plus solennels,
» donneraient encore, comme Charles IX, le baiser de
» paix à Coligny, dans l'instant même où ils auraient
» signé l'ordre de l'assassiner.

» — M. Thuriot a proposé, sur cette pétition, la per-
» manence des sections de Paris ; elle a été décrétée
» sur-le-champ.

» 25 juillet 1792, l'an 4 de la liberté. — De l'impri-
» merie de la rue de Chartres, n° 67 (1). »

II

Lettres adressées par Barbat du Clozel aux membres de la Société populaire à Clermont.

1.

Ce 24 juillet, l'an 4 de la liberté (1792).

Braves et dignes concitoyens,

J'ai l'honneur de vous faire passer et la pétition et l'adresse des fédérés. Vous aurez vu par les journaux et

(1) Nous avons déjà reproduit cette pétition dans l'*Intermédiaire des chercheurs*. Année 1865, page 562.

par ma lettre que la pétition n'avait pas été présentée telle qu'elle est aujourd'hui imprimée; mais le rédacteur, qui avait été forcé de souffrir la correction, s'est dédommagé par le clandestin de l'impression dont il a été chargé; et, pour ses raisons, il a dit qu'il n'avait pas l'original, qu'il n'avait que sa copie.

La vérité est qu'on avait retranché, élagué, corrigé beaucoup de choses, beaucoup de mots, beaucoup de phrases incorrectes, et que la première demande portait sur la suspension du pouvoir exécutif, et qu'on s'était beaucoup moins occupé de M. de la Fayette que de la chose publique (1).

Par rapport à l'adresse, elle est très-exacte; elle fait ici beaucoup de sensation.

Nous avons fait hier une seconde pétition, et je n'ai pas peu contribué à faire demander par les fédérés la convocation des sections primaires, demande qui va être bientôt le cri de tout le royaume.

J'observerai que tel est le vœu que je n'ai cessé de manifester, ainsi que celui de l'interrègne ou, si l'on veut, celui de la déchéance du pouvoir exécutif. Le lendemain du jour où je prononçai au club mon opinion, je fus dénoncé à la municipalité par un de ces prétendus patriotes qui sont si communs. J'ai au moins la consolation de voir que mon opinion sera bientôt celle de l'universalité du royaume, qui, peut-être, n'attendra pas un décret pour se constituer en sections primaires et délibérantes.

Le repas, qui devait avoir lieu sur l'emplacement de la Bastille, a manqué par la proclamation de la patrie en danger. Les gardes nationales des deux faubourgs étaient presque toutes en activité. Mais depuis il semble que l'Assemblée nationale a pris de l'énergie.

(1) Il s'agit d'une pétition présentée à l'Assemblée nationale le 17 juillet, et qui avait été rédigée, dit-on, par Robespierre et par Anthoine, ancien maire de Metz et président du club des jacobins.

De tous côtés on apprend que les citoyens sont décidés à opposer eux-mêmes une vigoureuse défense. Les habitants des rives du Rhin se sont armés eux-mêmes. La municipalité de Trévoux, en accusant de trahison le pouvoir exécutif, a demandé hier au soir à faire l'emplette de trois mille fusils. Un décret a autorisé tous les Directoires, sous la surveillance des départements, à s'approvisionner d'armes.

J'invite les braves habitants de notre ville à sacrifier leurs cloches inutiles, et je me persuade que la ville de Clermont fera marcher un bataillon avec armes et bagages.

Je ne cesserai de dire qu'il ne faut se porter à aucun excès que la loi ou l'humanité puisse désavouer. Mais il faut se procurer des armes et des moyens de défense par tous les moyens possibles ; et, si l'on fait une souscription ou une quête, je ne vois pas pourquoi on ne demanderait pas leur contribution aux uns comme aux autres.

Chers concitoyens, le danger que je n'ai que trop annoncé augmente chaque jour. Redoublons et de courage et d'union.

Je ne puis pas vous dissimuler que l'indignation publique croît chaque jour ici à un point tel que les effets en sont peut-être incalculables.

Une caste d'hommes s'imagine déjà voir les Prussiens dans Paris. Ils verront autre chose auparavant.

Le repas de la Bastille se donnera peut-être jeudi. Je souhaite qu'il n'ait pas lieu. Il n'y a que trop de fermentation. Un rien peut causer la plus grande explosion. Pour moi, je répète que je vois beaucoup plus d'esprit de faction que de bien public, qui n'est vraiment chéri que par le peuple. Je répète que je ne serai ni coupable, ni complice, encore moins délateur, mais que je verserai jusqu'à la dernière goutte de mon sang plutôt que de nous laisser jouer plus longtemps par tous ces hommes dont la conduite est telle qu'ils attendent pour ainsi dire plutôt qu'ils ne craignent la contre-révolution.

Recevez, mes chers concitoyens, l'assurance de mon dévouement.

BARBAT.

J'oubliais de vous dire que j'ai passé trois soirées de suite à l'Assemblée nationale et notamment hier, sans avoir pu être admis. Peut-être le serai-je ce matin ! Mais je me félicite d'avoir retardé, soit parce que la notoriété que je lui ai donnée n'en a pas moins produit son effet, soit parce que nous n'aurions peut-être pas été entendus, et que l'esprit public est tel aujourd'hui qu'au moins ils seront forcés de m'écouter. On annonce même que les provinces méridionales déclareront que si on ne suspend pas le pouvoir exécutif, elles se sépareront.

Le Dauphiné, dit-on, s'est constitué en sections primaires.

2.

Braves et dignes concitoyens,

Vous venez d'obtenir un décret inespéré, décret que les sections de Paris ne cessaient de demander en vain depuis longtemps. La convocation, la permanence des sections de la ville de Paris a été décrétée hier sur votre pétition, que M. Thuriot changea en motion aussitôt que je l'eus prononcée; et il faut espérer que celle de tout le royaume sera bientôt ordonnée. Je ne vous dirai pas que cette pétition, que tant de personnes avaient refusé de signer, a été couverte des applaudissements de tous les factieux des tribunes et de l'Assemblée. Mais il est bon que vous sachiez que l'adhésion de toutes les autres villes du département en a tellement imposé au côté droit qu'il n'a pas même osé murmurer. Il était stupéfait lorsque j'ai prononcé ces mots : *Et sans doute que le même cri déjà manifesté à Paris se fera entendre dans tout le royaume.*

Dès lors ce vœu sera celui non d'une partie mais de la collection d'un peuple souverain..... A Clermont, on eût dit que j'égarais le peuple avec de pareilles propositions. A Paris, le président de l'Assemblée avait été le matin rappelé à l'ordre pour les avoir improuvées.

Il n'est point d'accueil, il n'est point de remerciements que je n'aie reçus des citoyens de Paris présents à l'Assemblée. C'était à qui me sauterait au cou, et chacun s'écriait que *la ville de Clermont avait sauvé la chose publique.* Je joins ici ce que j'ai ajouté à votre pétition (1).

J'observe que si j'eus demandé l'admission à mon arrivée, j'eusse été éconduit par les rugissements du côté droit et l'improbation générale. J'ai saisi le moment et j'ai réussi. Je me suis dit à moi-même ce que j'ai dit au Comité des fédérés : « Attendons que le temps dévoile

(1) La pétition, rédigée à Clermont, se terminait par ces mots : « Tel est, Messieurs, » l'objet de la pétition d'un très-grand nombre de citoyens du département du Puy- » de-Dôme. »

Le paragraphe final, qui fut ajouté à Paris par Barbat-Duclozel, et dont il envoie le texte à la suite de sa lettre, est ainsi conçu :

« Ces mêmes citoyens m'ont chargé de vous dénoncer les administrateurs de la Somme » et ceux de Paris, tous ces hommes en un mot qui ont concouru à la Révolution, moins » pour détruire la tyrannie que pour succéder eux-mêmes aux tyrans.

» Législateurs, la voix du peuple n'est point dans les adresses isolées de quelques » administrateurs perfides. Elle est dans l'opinion publique que le peuple a seul droit » de prononcer lui-même.

» Il est temps que vous ne vous fassiez plus d'illusion et que vous connaissiez enfin » quels sont vos véritables ennemis.

» Qu'il me soit permis de les désigner en caractères tels qu'ils seront eux-mêmes » forcés de se reconnaître.

» Vos ennemis sont ceux qui se sont comportés avec une telle modération, que, » dans le cas même d'une contre-révolution, ils conserveraient les places auxquelles » l'intrigue les a portés.

» Vos ennemis sont ceux, oui, tous ceux qui ont des relations directes ou indirectes » avec les brigands de Worms et de Coblentz.

» Vos ennemis enfin (*et en lisant*, ajoute Barbat, *j'ai regardé les Tuileries*) sont » tous ces prétendus grands qui, accoutumés à se jouer des serments les plus solennels, » donneraient encore comme Charles IX le baiser de paix à Coligny, lors même qu'ils » auraient donné l'ordre de l'assassiner. »

» insensiblement toutes les trahisons du pouvoir exécutif, » et bientôt il sera accablé sous le poids de l'indignation » générale. »

Puisque je parle des fédérés, je vous dirai que c'est par ce motif que je n'ai cessé de les détourner de toute espèce d'insurrection partielle, impolitique dans les circonstances, funeste dans ses conséquences, et qui serait réputée criminelle si elle ne réussissait pas. Aujourd'hui, si le temps le permet, nous dînons sur l'emplacement de la Bastille, et, comme les esprits me paraissent plus calmes, je ne crois pas que cela puisse donner lieu à une explosion.

La procédure faite contre les citoyens emprisonnés pour émission de leur vœu dans une section primaire de Paris, a été déclarée nulle hier au soir. L'Assemblée s'est réservée de prononcer sur le juge de paix qui, peut-être, sera envoyé à Orléans. On dirait que dans toutes les parties du royaume la gangrène de l'aristocratie a carié les os de MM. les Juges de paix. Il faut un grand exemple.

La terrasse des Feuillants a été en même temps déclarée faire partie de l'enceinte de l'Assemblée nationale. Ainsi le café de M. Auto, beau-frère de M. de la Caille, sera démuré et ouvert à tous les citoyens ; et, de la porte de l'Orangerie à celle du passage de la rue Dauphine, on traversera les Tuileries. Ce décret fut rendu immédiatement après celui des sections, et j'ose dire que notre pétition n'avait pas peu influencé les esprits. En effet, immédiatement après, on dénonça le château des Tuileries comme un magasin d'armes et de munitions de guerre, et on ordonna que le pouvoir exécutif serait tenu de donner toutes ses armes pour la défense des frontières.

La municipalité de Paris doit demander la déchéance du pouvoir exécutif. Presque toutes les sections de Paris y ont conclu. Je ne dois pas vous laisser ignorer qu'on attribue à M. de Montesquiou le propos suivant : *C'en est fait des armées, s'il n'y a plus de pouvoir exécutif.* Mais personne ne veut détruire toute espèce de pouvoir exécutif; on veut seulement anéantir celui qui nous trahit.

On a lu à onze heures du soir un mémoire du ministre de la guerre, qui annonce que Luckner sera à Metz le 25; que, réduit à une honteuse défensive, il dirigera les troupes vers tous les points d'attaque. Je me borne à vous mander les nouvelles que je ne crois pas que vous puissiez trouver dans les journaux. Je vous fais passer les dernières adresses des fédérés.

Recevez l'assurance de mon entier dévouement.

GASPARD-CLAUDE BARBAT.

Ce jeudi 26, l'an 4 de la liberté,
à midi et demi.

Que je crains que les espérances de tranquillité que je vous ai données ne se réalisent pas ! On vient d'afficher dans Paris un placard qui dénonce le roi comme voulant aller à Tours avec une partie de l'Assemblée nationale. Tout est dans la plus grande fermentation. Le côté droit avait fait donner la consigne de ne laisser entrer personne sans billet dans l'enceinte de l'Assemblée. Décret qui lève cette consigne. A trois heures, repas à la Bastille.

Je prie MM. les Officiers municipaux de vouloir bien faire passer cette lettre, et toutes celles que j'écrirai, aux Amis de la Constitution, aussitôt qu'ils l'auront lue, c'est-à-dire au plus tard à deux heures. Je me ferai un devoir d'écrire à tous les courriers, afin que mes concitoyens s'aperçoivent moins, s'il est possible, de l'absence du brave Couthon que jamais on ne remplacera. *(Archives de la Mairie de Clermont.)*

3.

A MM. les Officiers municipaux pour les citoyens assemblés aux Carmes.

Braves et dignes concitoyens,

J'apprends qu'une de mes lettres a été dénoncée et

déposée au greffe sous l'odieux prétexte qu'elle n'était pas signée. J'épargnerai la peine d'une vérification d'écritures. J'avoue avoir écrit il y a environ huit jours une lettre où, entre autres choses, je mande que j'ai juré avec les fédérés de sauver la patrie ou de mourir libre.

S'il était possible que cette lettre eût pu contenir quelques expressions inexactes, je ne me serais pas attendu à être dénoncé par mes concitoyens. Et moi aussi je pourrais dénoncer des choses très-graves et peut-être aurais-je les moyens de me faire entendre. Mais j'aimerais mieux mourir victime de l'injustice que de faire le moindre tort à ma patrie ou de mettre la division parmi mes concitoyens.

Je me renfermerai donc à tous égards dans le silence le plus absolu (bien entendu que je ne serai pas forcé de le rompre); et en cessant de vous écrire je ferai ma cour aux tyrans, car leur manière constante a toujours été d'entretenir les peuples dans l'ignorance des affaires publiques.

Au surplus pourquoi me serais-je flatté d'être mieux traité que M. Couthon, à qui les feuillants et la municipalité ont fait écrire une lettre très-désagréable? Les bonbons de ces messieurs ne sont que pour M. Lamothe (1), et je m'honore de ne pas les partager.

Recevez, Messieurs, l'assurance de mon entier dévouement.

GASPARD-CLAUDE BARBAT.

(Sans date.)

(Archives de la Mairie de Clermont.)

---

(1) Rabusson-Lamothe, député à l'Assemblée législative. — Sur ce personnage, voir : *Lettres sur l'Assemblée législative*, etc., précédées d'une *Notice biographique*, par F. Mège. Paris, Aubry, 1870 : in-8°.

Clermont-Ferrand, typographie MONT-LOUIS, rue Barbançon, 1 et 2.

www.ingramcontent.com/pod-product-compliance
Ingram Content Group UK Ltd.
Pitfield, Milton Keynes, MK11 3LW, UK
UKHW021013180726
13838UKWH00004B/1527

9 782329 462233